Melanie Knies

Berlin mit Hund
Stadtwanderungen

Auf zwei Beinen und vier Pfoten
durch die Hauptstadt

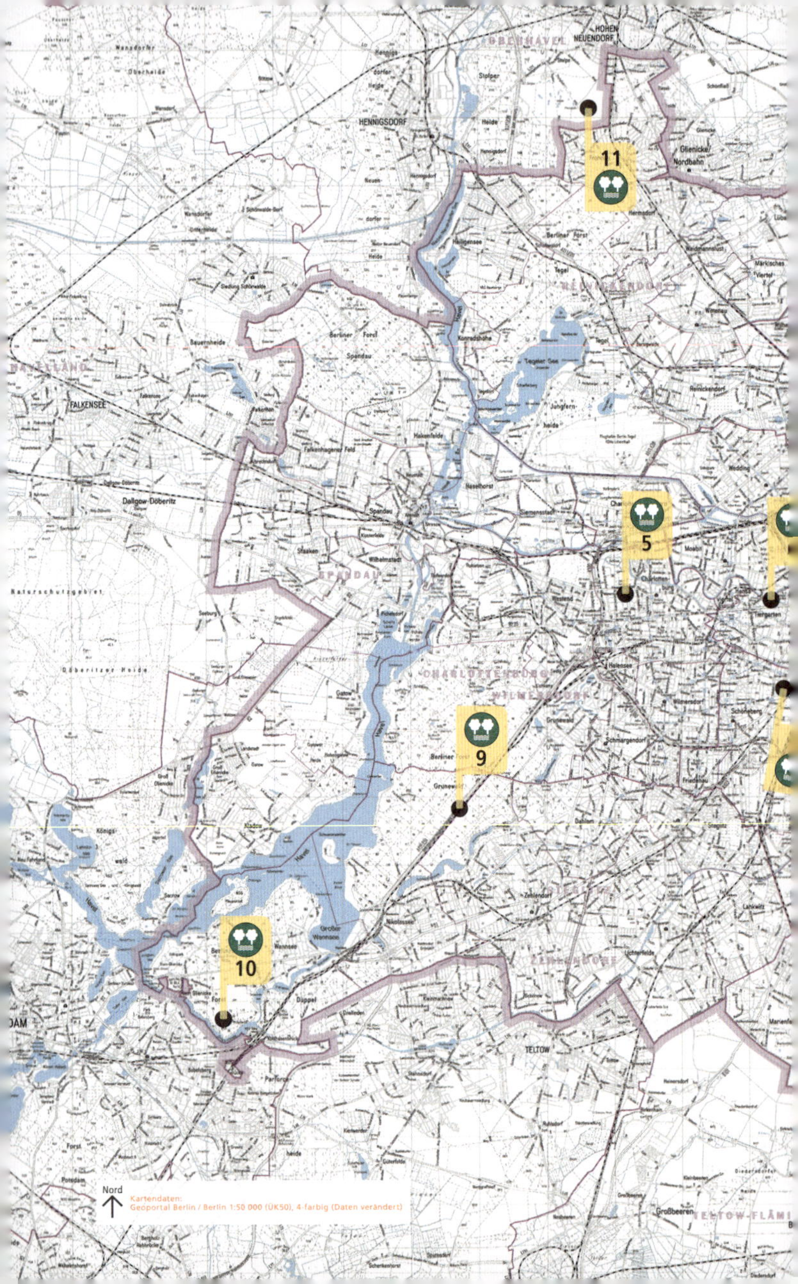

11
5
9
10
HENNIGSDORF
FALKENSEE
Dallgow-Döberitz
TELTOW
Nord
Kartendaten:
Geoportal Berlin / Berlin 1:50 000 (ÜK50), 4-farbig (Daten verändert)

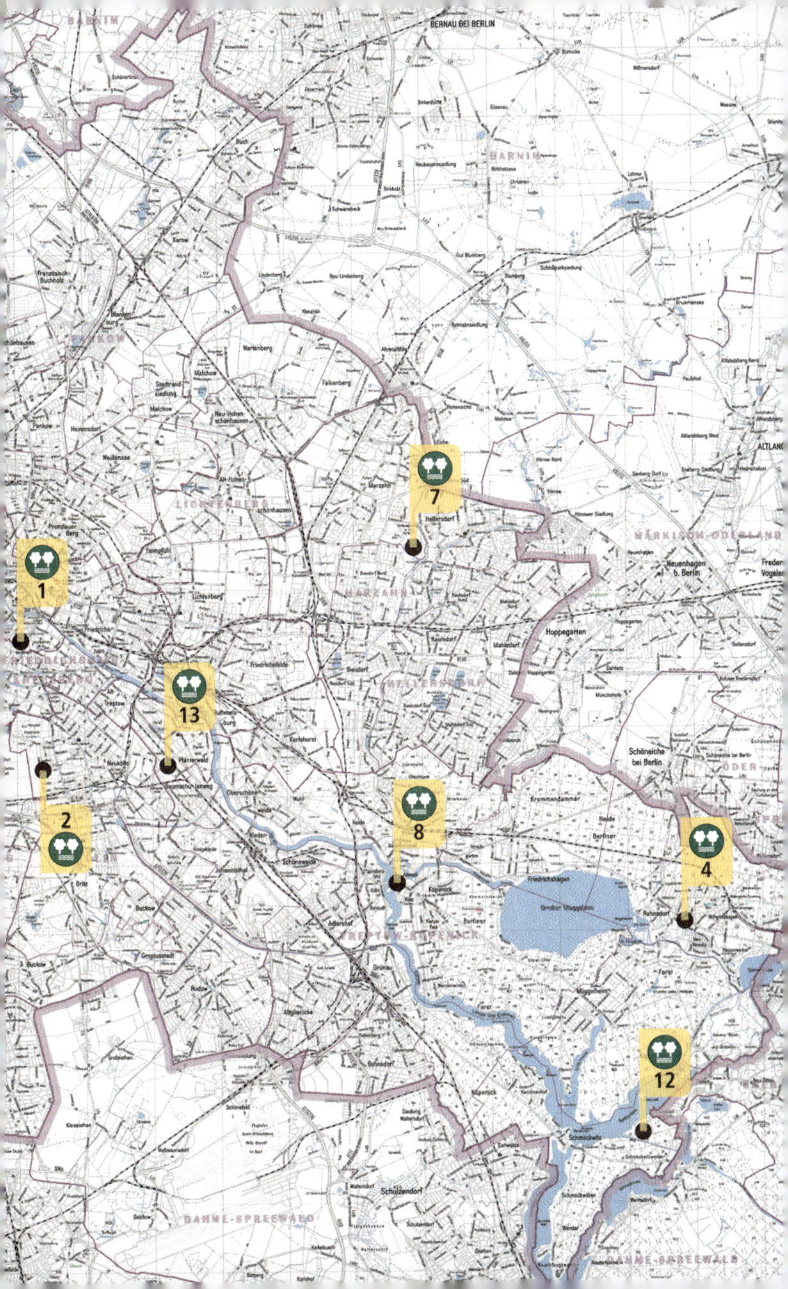

BERNAU BEI BERLIN
BARNIM
MÄRKISCH-ODERLAND
Neuenhagen b. Berlin
Hoppegarten
Schöneiche bei Berlin
Großer Müggelsee
Schmöckwitz
Schulzendorf
DAHME-SPREEWALD
1
2
4
7
8
12
13

Inhalt

Vorwort

„Am Brandenburger Tor...da war ich erst einmal und das ist auch schon Jahre her." Das ist nicht etwa der Ausspruch eines Menschen, der einst als Besucher in der Hauptstadt war. Nein, dieser Satz stammt von einem waschechten Berliner. Und nicht nur von einem.

Und die Überraschungen gehen weiter. Ich habe Menschen kennengelernt, die in Köpenick leben und noch keinen Fuß nach Marzahn gesetzt haben. Warum auch?

Ja, warum denn? Vielleicht weil es in Marzahn nicht nur nette Menschen, sondern auch wunderschöne Ecken gibt. Ecken, die es – zum Beispiel – nur in Marzahn gibt.

Über Berlin wurde schon viel geschrieben, viel gedichtet und viel erdichtet. Und mit Berliner Stadtführern kann mehr als ein Regal der örtlichen Bücherei gefüllt werden. Und doch ist es nie genug. Diese Stadt wird einfach nicht fertig und überrascht immer wieder. So groß und doch so klein, so einzigartig aber auch durchschnittlich, so kosmopolitisch und dörflich, so urban und doch so rural, fashioned und gleichzeitig konservativ, Hundehauptstadt und auch wieder nicht. Krasser Gegensatz, immer wieder – ditt is Berlin!

Dieser Stadtführer ist den Menschen gewidmet, die mit dem Hund nach Berlin kommen oder mit ihm in Berlin leben. Mit einem Vierbeiner an der Seite ist stets jemand da, mit dem sich gemeinsam und unkompliziert auf Entdeckungsreise gehen lässt. Und es muss ja nicht immer der Grunewald sein. Was ist denn gegen einen gemütlichen Spaziergang auf den schönen Straßen dieser Stadt einzuwenden? Eng verbunden durch die Leine gemeinsam Neues entdecken, das kann so herrlich spannend sein.

Die Touren in diesem Büchlein sind so ausgearbeitet, dass sowohl das menschliche Auge, als auch die hündische Nase immer wieder überrascht werden. Die Routen zeichnen sich durch viel Grün, breite

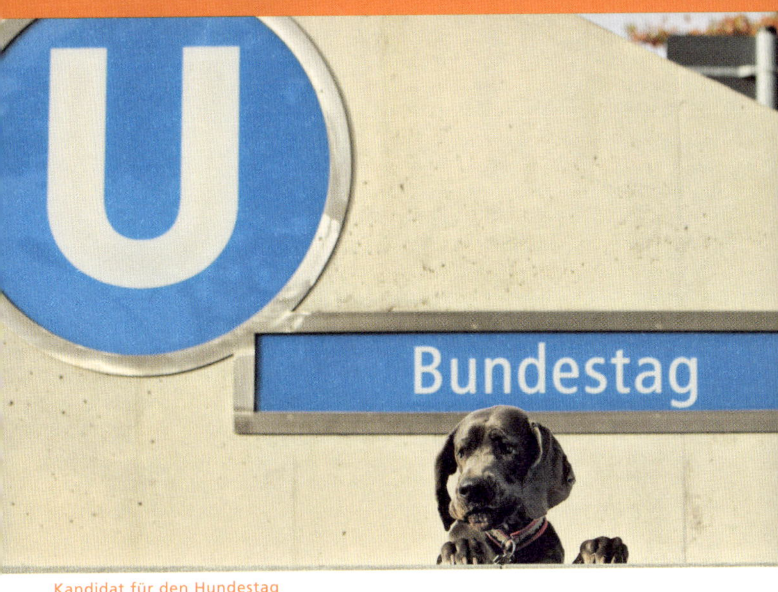

Kandidat für den Hundestag

Wege oder ruhige Ecken aus. Außerdem gefallen mir persönlich keine Reiseführer, die mich „nach Westen abbiegen lassen" oder mit denen ich „die Route nach Norden fortsetzen soll". Daher habe ich auf solche Wegbeschreibungen verzichtet, denn damit ist Verlaufen für mich vorprogrammiert. Meine Routen sind verständlich beschrieben, gespickt mit Anekdoten, kleinen Ausflügen in die Geschichte und angereichert mit reichlich eigenem Erleben. Und falls doch mal etwas schief läuft, gibt es einen Stadtplanausschnitt zu jeder Tour, damit Sie auch wieder nach Hause kommen.

Dazu finden sich zwischen den Seiten viele Tipps, von denen ein Hund unbedingt gehört haben sollte – oder sein Halter: berlineske Hundeläden, „Dogs welcome" Restaurants und Cafés, die vollsten Wassernäpfe der Stadt und die bestriechendsten Bäume weit und breit. Wir wünschen viel Spaß beim Entdecken.

Melanie mit Routenplaner Gioia und Tour-Tester Magnus

P. S. Sollte sich einer unserer heißen Tipps bis zu seinem Erscheinen bereits in Wohlgefallen aufgelöst haben, so nehmen Sie es uns nicht übel. Diese Stadt entwickelt sich so rasant, dass es schwer ist, up to date zu bleiben. Aber wir waren stets sehr bemüht ;-).

Für wen ist das Buch?

Dieser Stadtführer richtet sich sowohl an Einheimische als auch an Berlinbesucher, die gemeinsam mit einer oder mehreren Fellpfoten die Hauptstadt entdecken möchten.

Um eventuelle Missverständnisse gleich zu Beginn zu umschiffen, sei darauf hingewiesen, dass die Routen in diesem Büchlein sich nicht danach richten, ob sich dort ein Hundeauslaufgebiet befindet oder nicht. Sicherlich ist es schön, gedankenverloren mit einem freilaufenden Hund durch die Gegend zu streifen und zu träumen. Aber genauso schön und – wie ich finde – auch wichtig, ist hin und wieder das gemeinsame Entdecken von neuen Routen und das gehorsame Laufen an einer Hundeleine. Für den einen oder anderen Vierbeiner bedeutet an der Leine laufen Alltag, da er, aus welchen Gründen auch immer, nicht ableinbar ist. Umso spannender sind für ihn natürlich neue Schnüffelstrecken, anstatt immer der gleiche Baum vor der Haustür.

Für manch anderen Hund ist an der Leine laufen eine echte Herausforderung. Packen Sie sie an, denn das gehört zum Großstadtleben dazu. Und wenn das gut klappt, erweitern Sie dadurch Ihren Bewegungsradius und den Ihres Hundes um ein Vielfaches. Die Stadt gehört Ihnen, keine Ecke ist mehr sicher.

Die Joblage für Hunde (besonders) in der Großstadt heutzutage ist schwierig. Es herrscht eine hohe Arbeitslosigkeit unter den Vierbeinern, da viele Stellen im Dienstleistungs- und Forstwirtschaftsgewerbe in den letzten Jahrzehnten abgebaut wurden. Einige Hunde haben aus Verzweiflung Gangs gegründet, die sich auf andere Hunde stürzen. Manch andere wurden drogenabhängig und verschaffen sich ihr Dopamin beim illegalen Jagen von Radfahrern und Joggern.

Auch dem wollen wir entgegenwirken, in dem wir Ihnen hier einige Routen zum Entdecken an die Hand oder ans Pfötchen geben.

Und was gibt es Schöneres, als nach einer ereignisreichen, interessanten Tour voller Eindrücke im Kopf und mit einem leckeren Getränk in der Hand auf das heimische Sofa zu sinken, während Fiffi und Bello bereits im Körbchen bei einem ausgiebigen Nickerchen den Tag Revue passieren lassen?

Wer schreibt hier?

2008 hat mich das Leben aus Süditalien in die deutsche Hauptstadt gespült. Als gebürtige Westfälin und sozialisierte

Braunschweigerin bin ich Ende der 90er Jahre in das europäische Ausland aufgebrochen, habe auf Kreta, in Portugal, auf der Chalkidiki, in Kalabrien und auf den Kanaren gearbeitet, bevor ich nach Berlin kam. Ich wollte mich nur kurz hier umsehen und dann wieder ins Ausland abreisen. Dieser Plan hat nicht ganz so gut funktioniert.

Obwohl mich diese Stadt mitunter wahnsinnig nervt, bin ich immer noch hier. Und bis zu diesem Buch konnte ich gar nicht so genau erklären warum eigentlich. Fest steht, dass mich weder der Verkehr, noch die Baustellen, noch das Wetter oder die Regierung, auch nicht die Sauberkeit oder die ständigen Hundekotproblemsommerlochdiskussion an Berlin fesseln. Aber durch meine kleine Agentur Berlin mit Hund habe ich schon so schöne Routen und Ecken dieser Stadt kennengelernt, die mich fasziniert haben und immer noch faszinieren. Und das hat sich bei der Recherche für dieses Buch um ein Vielfaches potenziert. Ich bin inzwischen begeisterte Berlinentdeckerin – aber das ausschließlich zu Fuß. Diese Stadt kann weder im Sightseeingbus noch im Auto oder auf dem Rad erspürt werden. Auf Schusters Pfoten, mit der Nase im Wind und einem offenen Blick – das ist die Chance, sich Berlin zum Freund zu machen. Dabei sollte jeder Spaziergänger offen sein für das, was ihm die Stadt zu bieten hat. Und das ist jede Menge. Im Prinzip braucht es solch ein Buch gar nicht. Bequeme Sieben-Meilen-Stiefel,

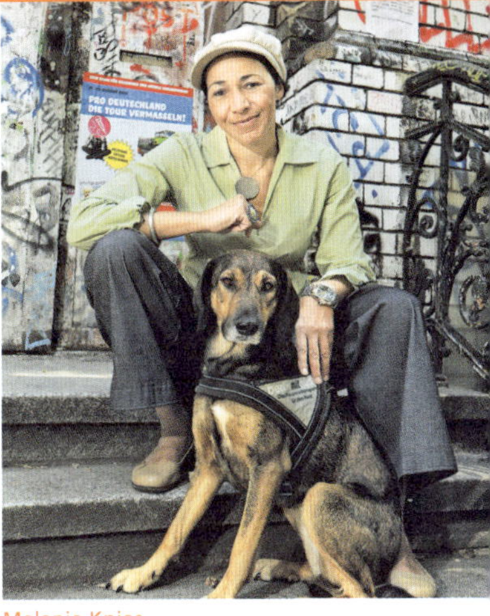

Melanie Knies

Neugier und Zeit ohne Ende sind der Weg zum Erfolg. Aber wer hat schon Sieben-Meilen-Stiefel?

Hinter nahezu jeder Ecke lauert etwas Skurriles, Einzigartiges, Verwegenes, Schönes, Abscheuliches. Es liegt immer im Auge des Betrachters. Probieren Sie es aus! Es tut so gut!

Auf Entdeckungstour gehe ich mit meinen zwei Ex-Streunern Gioia und Magnus. Die haben ein ähnliches Rumtreiberleben wie ich geführt, bis ich sie von den staubigen Straßen Sardiniens nach Berlin geholt habe. Sie kennen sich in der Stadt besser aus als in ihrem eigenen Körbchen. Und sie wissen die Weiten des Grunewaldes genauso zu schätzen wie die kiezigen Ecken Kreuzbergs oder die grünen Wiesen Marzahns. Unsere Routenbeschreibungen für Sie sind gespickt mit einem Hauch Geschichte, angereichert mit Kuriosem und abgerundet mit einer satten Prise Berlin.

Mit Hund in Berlin

Hund in öffentlichen Verkehrsmitteln

Hunde müssen in den Verkehrsmitteln der BVG einen Maulkorb tragen und angeleint sein. Kleine Hunde bis zur Größe einer Hauskatze dürfen kostenlos mitfahren, sofern sie in einer Transportbox untergebracht sind. Kleine und große Hunde, die an der Leine mitgenommen werden, brauchen einen Fahrschein mit Ermäßigungstarif von 1,60 Euro.
(Quelle: www.berlin.de)

Auto fahren

In die Umweltzone Berlin dürfen nur schadstoffarme Fahrzeuge, um die Luftbelastung durch Dieselruß (Feinstaub) und Stickoxide zu reduzieren. Diese Fahrzeuge müssen mit einer grünen Plakette gekennzeichnet sein. Für Fahrzeuge mit hohem Schadstoffausstoß gilt ein Verkehrsverbot.
Die Umweltzone Berlin liegt in der Innenstadt innerhalb des inneren S-Bahnringes („Großer Hundekopf").
Zum Befahren der Umweltzone ist die grüne Plakette erforderlich.
(Quelle: www.berlin.de)

Leine oder Nicht-Leine….

das ist hier die Frage. In Berlin gibt es keinen zeitlich begrenzten Hundefreilauf wie beispielsweise in Niedersachsen. In der Hauptstadt wird die Sache über ausgeschilderte Auslaufgebiete geregelt.
Auf Straßen und Plätzen regelt das Berliner Gesetz über Halten und Führen von Hunden, das derzeit (Stand 02/2014) überarbeitet wird, die Sache mit der Leine. In der Diskussion ist beispielsweise ein Hundeführerschein, über den bei Drucklegung des Buches allerdings noch nicht entschieden wurde.

Den Ausschnitt über Leinenpflicht aus dem Berliner Hundegesetz haben wir hier:

Leinenpflicht

§ 3
Leinenpflicht
(1) Hunde sind
1. in öffentlichen Grün- und Erholungsanlagen,
2. in Waldflächen, die nicht an den Zugangswegen durch besondere Schilder ausdrücklich als dafür freigegeben gekennzeichnet sind (Hunde-auslaufgebiete), und
3. auf Sport- und Campingplätzen sowie in Kleingartenkolonien
an einer höchstens zwei Meter langen Leine zu führen. Die Leine muss so beschaffen sein, dass der Hund sicher gehalten werden kann. Darüber

hinausgehende Vorschriften bleiben unberührt.

(2) Hunde sind

1. in Treppenhäusern, sonstigen der Hausgemeinschaft zugänglichen Räumen und auf Zuwegen von Wohnhäusern,

2. in Büro- und Geschäftshäusern, Ladengeschäften, Verwaltungsgebäuden und anderen öffentlich zugänglichen baulichen Anlagen,

3. bei öffentlichen Versammlungen und Aufzügen, Volksfesten und sonstigen Veranstaltungen mit Menschenansammlungen,

4. in öffentlichen Verkehrsmitteln, auf Bahnhöfen sowie in und an den dazugehörigen Gebäuden und Haltepunkten und

5. in Fußgängerzonen sowie auf öffentlichen Straßen und Plätzen mit Menschenansammlungen an einer höchstens einen Meter langen Leine zu führen. Absatz 1 Satz 2 und 3 gilt entsprechend.

Gefährliche Hunde

§ 4

(2) Hunde folgender Rassen oder Gruppen von Hunden sowie deren Kreuzungen untereinander oder mit anderen Hunden sind auf Grund rassespezifischer Merkmale oder Abstammung im Sinne des Absatzes 1 Nr. 1 gefährlich:

1. Pit-Bull,
2. American Staffordshire Terrier,
3. Bullterrier,
4. Tosa Inu,
5. Bullmastiff,
6. Dogo Argentino,
7. Fila Brasileiro,
8. Mastin Espanol,
9. Mastino Napoletano,
10. Mastiff.

(1) Gefährliche Hunde dürfen nur von Personen gehalten oder geführt werden, die das 18. Lebensjahr vollendet haben und über die erforderliche Sachkunde und Zuverlässigkeit verfügen.

(2) Außerhalb eines eingefriedeten Besitztumssind gefährliche Hunde stets an einer höchstens zwei Meter langen Leine zu führen. Die Leinenpflicht gilt nicht in dafür ausgewiesenen Hundeauslaufgebieten, sofern der gefährliche Hund einen beißsicheren Maulkorb trägt. In den Fällen des § 3 Abs. 2 darf die Leine höchstens einen Meter lang sein.

(Quelle: www.berlin.de)

Ja, das liest sich alles erst einmal sehr abschreckend, daher möchte ich einen eigenen Empfindungsbericht über das Halten von Hunden in Berlin anschließen. Diese Stadt zeigt sich in vielen Dingen liberal, manchmal zu liberal. Haben Sie keine Angst, mit Ihrem Vierbeiner gemeinsam die Hauptstadt zu entdecken. Hier leben bereits weit über 100.000 feuchte Nasen. Sie werden hier nicht auffallen. Und es ist ganz sicher nicht so, dass auf jedem Grünstreifen eine Patrouille der

Ordnungsämter Streife läuft. Hin und wieder hätte ich mir das an der einen oder anderen Stelle gar gewünscht. Aber wenn man so viele Schulden hat wie Berlin, sind solche Extravaganzen einfach nicht drin. Also komme Sie her und sehen Sie selbst.

Hund in Restaurants

Hier eine Liste von hundefreundlichen Restaurants aufzuzählen, wäre wirklich zu viel des Guten. Fragen Sie einfach beim Wirt an, ob Sie mit Ihrem Hund willkommen sind. Oft wird das schon am Wassernapf an der Eingangstür deutlich.
Wenn ich hundefreundliche Restaurants auf meinen Entdeckungen angetroffen habe, so finden Sie diese bei den Routen vermerkt.

Hundeauslaufgebiete

Analog: Fred & Otto, Stadtführer für Hunde, Unterwegs in Berlin, ISBN 978398153204. Digital: berliner-hundeauslaufgebiete.de

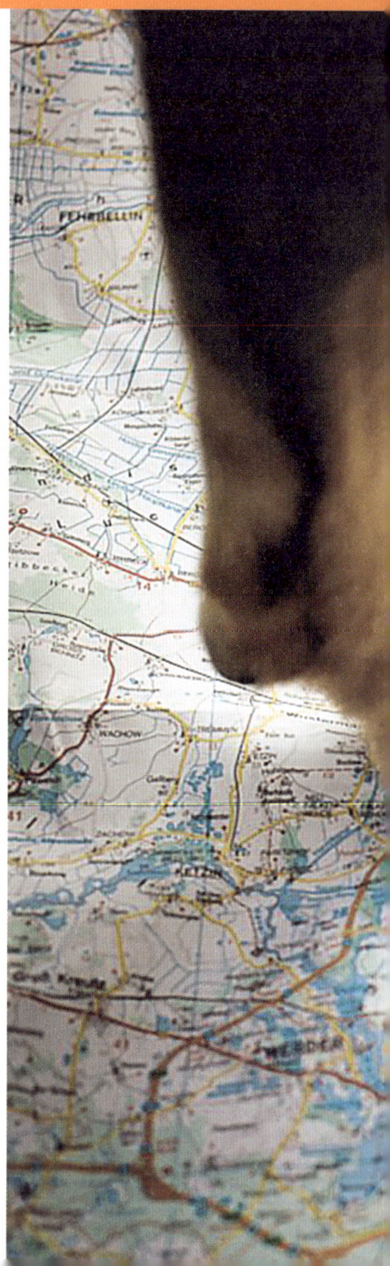

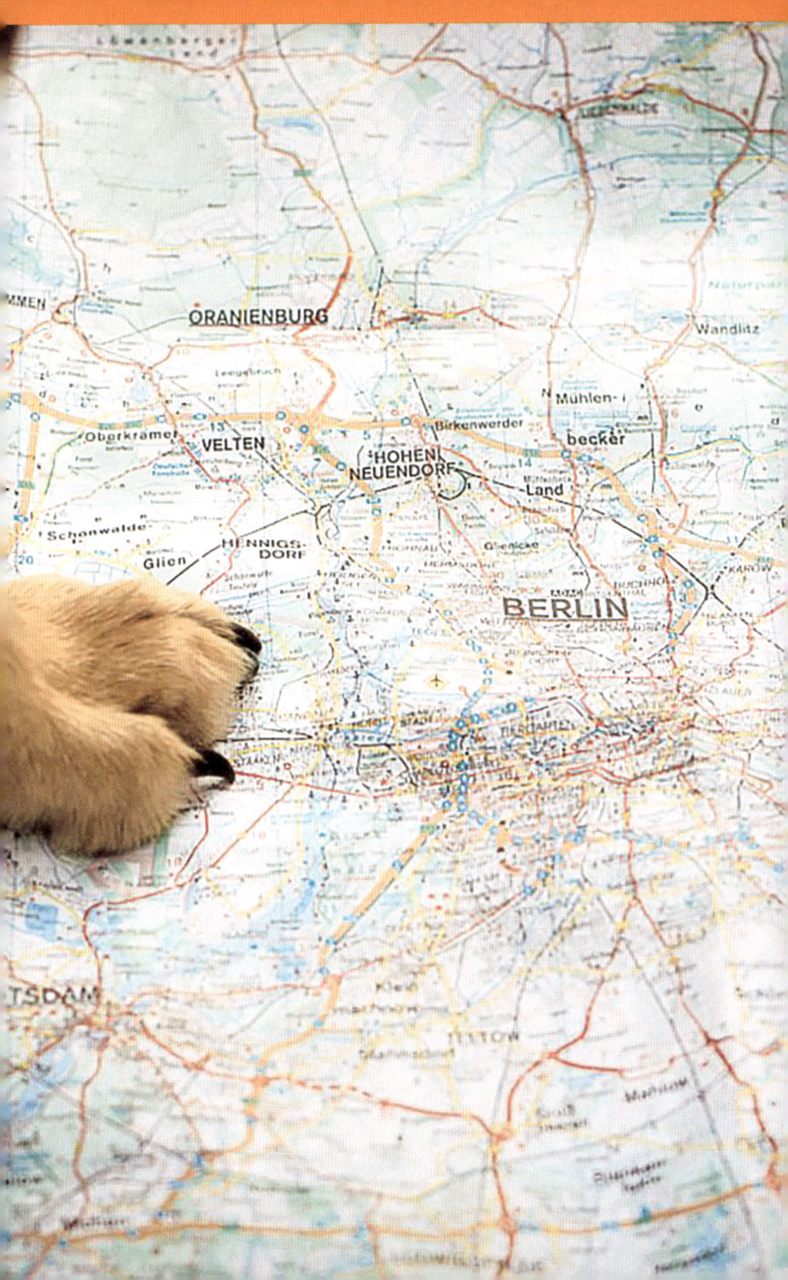
ORANIENBURG
Wandlitz
Mühlen-
becker
Land
Birkenwerder
Oberkrämer
VELTEN
HOHEN
NEUENDORF
Schönwalde-
Glien
HENNIGS-
DORF
BERLIN

Kult-Kieze

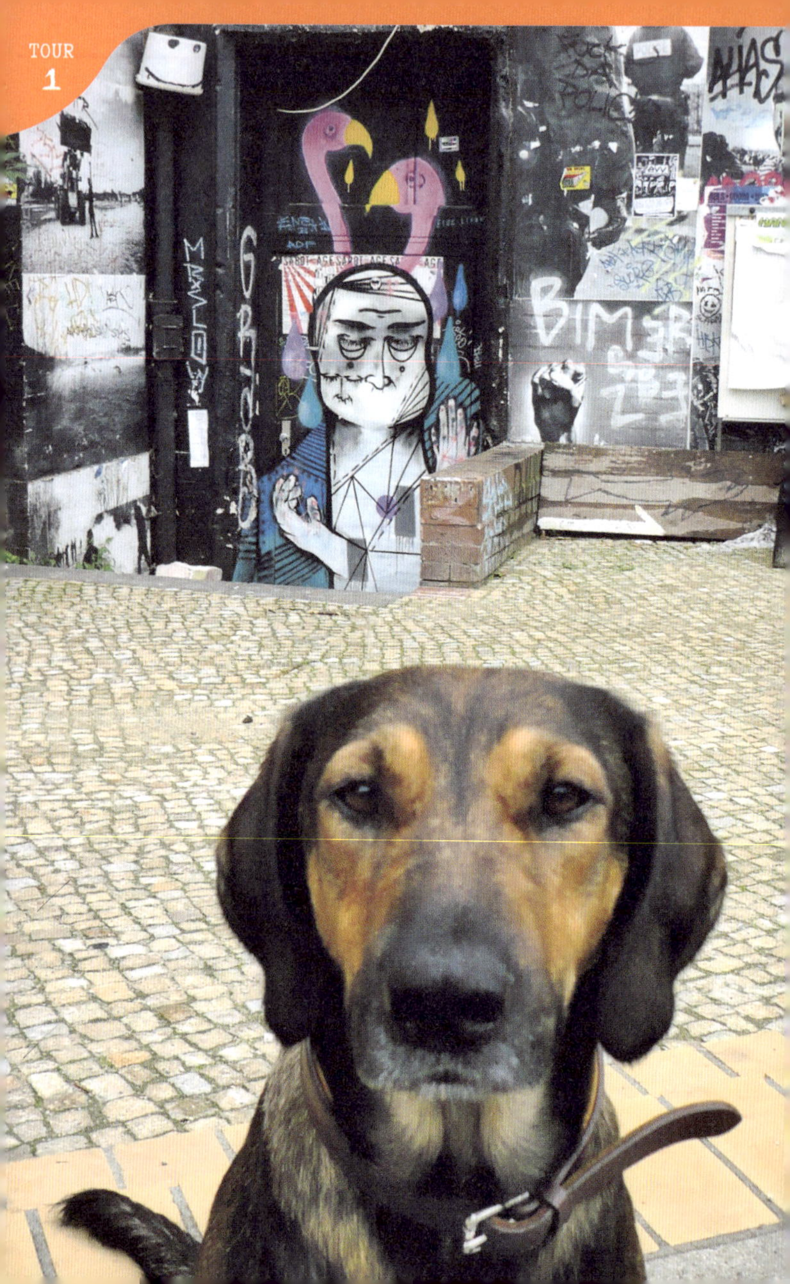

Auf den Spuren der wilden 68er

Kult Kreuzberg

Hundefreundlichkeit: Kreuzberg hat kein offizielles Hundeauslaufgebiet, aber Sie werden schnell feststellen, dass hier der Leinenzwang mehr als Möglichkeit denn als Gesetz gesehen wird. Die Hunde hier sind genauso bunt wie die Menschen, die hier leben. Und oft genauso aufgeschlossen und an Fremde gewöhnt.

Tour-Info	↔ 8 km	2–3 Std.
Kategorie:	Rundwanderung, mittel	
Start-Ziel:	Mariannenplatz, 10997 Berlin	
Strecke:	Mariannenplatz – Engelbecken – Oranienplatz – Urbanhafen – Admiralsbrücke – Gräfekiez – Kotti (Kottbusser Tor) – Maybachufer – Görli (Görlitzer Park) – Wrangelkiez – Schlesisches Tor - Lausitzer Platz – Mariannenplatz	

Orientieren wir uns auf dem 1 Mariannenplatz. An einem Kopfende befindet sich der Feuerwehrbrunnen, auf der anderen Seite die evangelische St. Thomas-Kirche. Ein Abstecher hinter die Kirche zum „Baumhaus an der Mauer" lohnt. Osman Kalin hat sich diese Parzelle einst von der DDR gemopst und einen Garten angelegt. Status: geduldet. Zurück auf den Mariannenplatz: die Mitte des Platzes dominiert der Bau des ehemaligen Krankenhauses Bethanien. Wenn sie auf die Fassade des Bethanien blicken, dann entdecken Sie rechts weitere Gebäude. Gehen Sie auf diese zu, durch das Tor hindurch, und dann haben Sie zu Ihrer Rechten zunächst die Wagenburg, dahinter das Rauchhaus, das ehemalige Diakonissenheim. Georg von Rauch wurde am 4. Dezember 1971 nach einigen aufregenden Jahren in der Szene von der Polizei erschossen. Vier Tage später besetzten Hunderte von Studenten das verwaiste Diakonissenheim, heute das Rauchhaus. Wenn Sie um das Gebäude herumlaufen, entdecken Sie den Garten „Ton, Steine, Gärten", ein Nachbarschaftsprojekt.

Zwischen Garten und Rauchhaus hindurch gelangen Sie auf den Bethaniendamm. In den Sommermonaten stehen hier zahlreiche, teils internationale

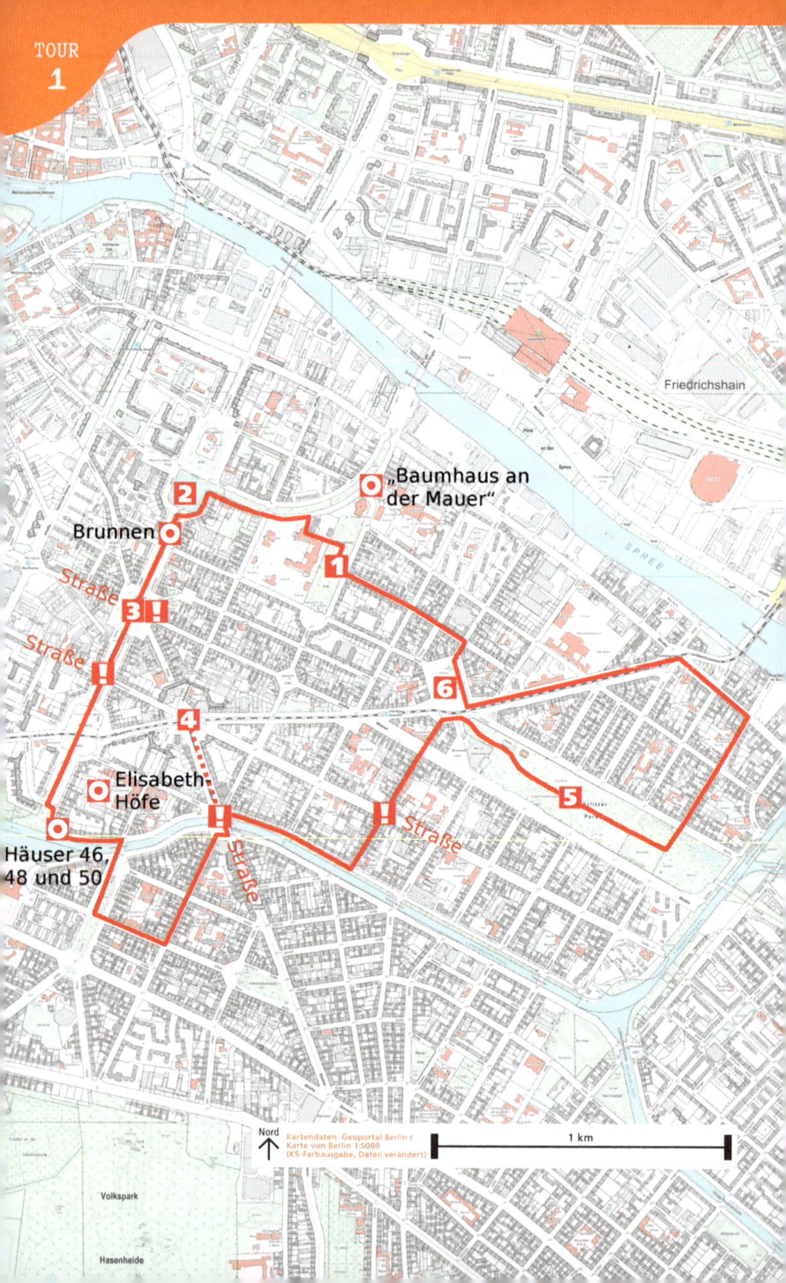
Friedrichshain
„Baumhaus an der Mauer“
Brunnen
Straße
Straße
Elisabeth-Höfe
Häuser 46, 48 und 50
Straße
Straße
SPREE
Nord
Kartendaten: Geoportal Berlin / Karte von Berlin 1:5000 (K5-Farbausgabe, Daten verändert)
1 km
Volkspark
Hasenheide

Besucher der Wagenburg. Meistens sind auch Hunde dabei, die mitunter besser erzogen sind, als der Pudel von Tante Hertha. Dem Bethaniendamm folgen Sie nach links.
Nachdem Sie die Adalbertstraße überquert haben, riechen Sie und Ihr Vierbeiner schon den kleinen Bauernhof zur Linken. Die nächste Straße, die Sie überqueren, ist der Leuschnerdamm. Rechts blicken Sie auf die Michaeliskirche mit Erzengel Michael auf dem Dach. Dieser hat dem Ort vor der Kirche seinen Namen gegeben: 2 Engelbecken. Wenn Sie sich die Gebäude rundherum ansehen, dann erkennen Sie ganz schnell, wo früher Osten und wo Westen war. Das Engelbecken selber war zwischen 1961 und 1989 ein Abschnitt des Todesstreifens.
Suchen Sie sich einen Weg nach unten in das Becken und laufen dann linkerhand durch den ehemaligen Luisenstädtischen Kanal. Sie kommen an dem indisch anmutenden Brunnen vorbei, der aus diesem Teil Kreuzbergs das Taj Mahal Berlins gemacht hat. Wenn Sie aus dem Kanal wieder auftauchen, dann stehen Sie fast auf dem 3 Oranienplatz. Zu Ihrer Linken befindet sich eine Kreuzberger Institution: Kuchen Kaiser – und der hält, was der Name verspricht. Die Oranienstraße linker Hand ist eine Symbiose aus Drogenmilieu, Start-Up-Boutiquen, Nachtleben, Fast Food und In-Restaurants. Da diese Straße aber voll und schmal ist, ersparen wir den Hunden das Gedränge. Ihr Weg geht noch ein ganzes Stück geradeaus, über die Oranienstraße hinüber und weiter, dem alten Kanalbett folgend oder Sie machen den Ausreisser, siehe Kasten.
Wenn Sie nach dem Ausreißer zruück auf dem Oranienplatz sind, laufen Sie über die ! Oranienstraße bis zum Wassertorplatz. Hier müssen Sie die ! breite Glitschiner Straße überqueren, was dank Fußgängerampel problemlos klappen sollte. Auf der anderen Seite laufen Sie geradeaus auf ein kleines, aber sehr feines Restaurant zu, das „Mitteleuropa". Hunde dürfen hier mit hinein.
Nach der Stärkung geht es weiter rechts um das Haus herum, den Erkelenzdamm entlang. Sie sollten unbedingt in die Elisabeth-Höfe hineinblicken. Ein gutes Beispiel der altbekannten Kreuzberger Mischung: wohnen, arbeiten und Freizeit – alles an einem Ort. Weiter geht es bis zum Urbanhafen und zum Fränkelufer. Vor den Häusern 46, 48 und 50 hat zwischen dem 12. und dem 14. Dezember 1980 die Schlacht am Fränkelufer stattgefunden. Verrückt. Wenn Sie Ihren Blick auf der gegenüberliegenden

Geschichtliches

Dieser Kiez steht wie kaum ein anderer für das wilde Berlin, die Hausbesetzerszene der 70er und 80er, für Multi-Kulti, für „nieder mit dem Establishment", für Wasserwerfer und Wasserpfeifen. Georg von Rauch hat hier sein Unwesen getrieben ebenso wie Rudi Dutschke. Ton Steine Scherben haben hier gesungen und ihre Fans haben dazu gegrölt. Manche tun das auch heute noch.

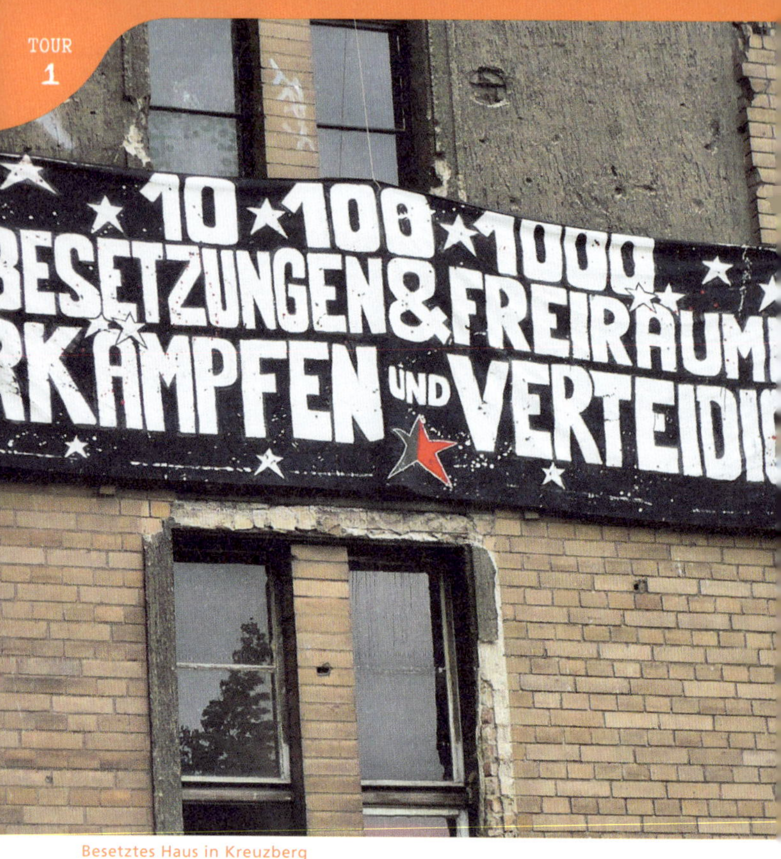

Besetztes Haus in Kreuzberg

Straßenseite über das Wasser schweifen lassen, dann sehen Sie auf der rechten Seite ein Schiff vertäut. Das ist die Van Loon, ein schönes Restaurantschiff, auf dem Hunde erlaubt sind.

Sie biegen hier am Ufer nach links und laufen vor bis zur Admiralsbrücke, der ältesten Eisenbrücke über die Spree. Diese überqueren Sie und laufen dann weiter geradeaus entlang der Grimmstraße. Willkommen im Gräfekiez. Wenn Sie auf die Dieffenbachstraße treffen, biegen Sie diese links ein. Und wenn es warm und sonnig ist, dann stehen hier vor einigen Restaurants Wassernäpfe für die vierbeinigen Kreuzberger.

Die Dieffenbachstraße können Sie einfach auf sich wirken lassen. Schön. Sie stößt nach einigen hundert Metern auf die Gräfestraße, in die Sie links einbiegen. Auch hier wird Ihre

Ausreißer!

Wenn Sie Lust auf einen Abstecher haben, dann gehen Sie vom Brunnen auf dem Oranienplatz schräg nach rechts hinten in die Dresdner Straße auf den Fernsehturm zu. Auf der linken Seite biegt die Sebastianstraße ab, die in jedem Buch über die Berliner Mauer zu finden ist. Mit dem Bau der Mauer gehörten die Häuser mit der Hausnummer 1 bis 3 zum Osten und die Gebäude 81 – 87 zum Westen. Die Mauer musste neben dem Bürgersteig gebaut werden und die Bewohner durften den Gehweg – sowjetischer Sektor – nutzen. In der Sebastianstraße 82 wurde einer der über 70 Fluchttunnel gebaut.

Aufmerksamkeit belohnt. Haben Sie das Teefachgeschäft und das Lakritzfachgeschäft gesehen? Und was interpretieren Sie in den Büchertempel vor dem Antiquariat hinein?

Am Ende der abwechslungsreichen Gräfestraße kommen Sie ganz in die Nähe des trubeligen Kottis – 4 Kottbusser Tor. Wenn Sie wieder am Kanal angelangt sind, dann stehen Sie am Maybachufer. Nun müssen Sie hier die Straße bzw. den Platz quasi ! diagonal überqueren, so dass Sie dann rechts abgebogen sind, aber links

Lagebesprechung vor dem Bethanien

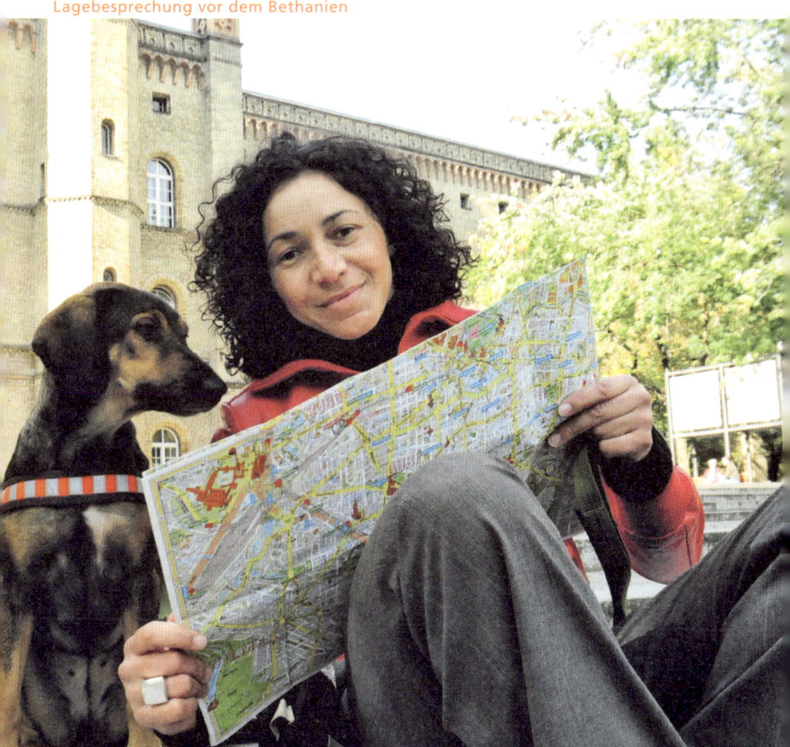

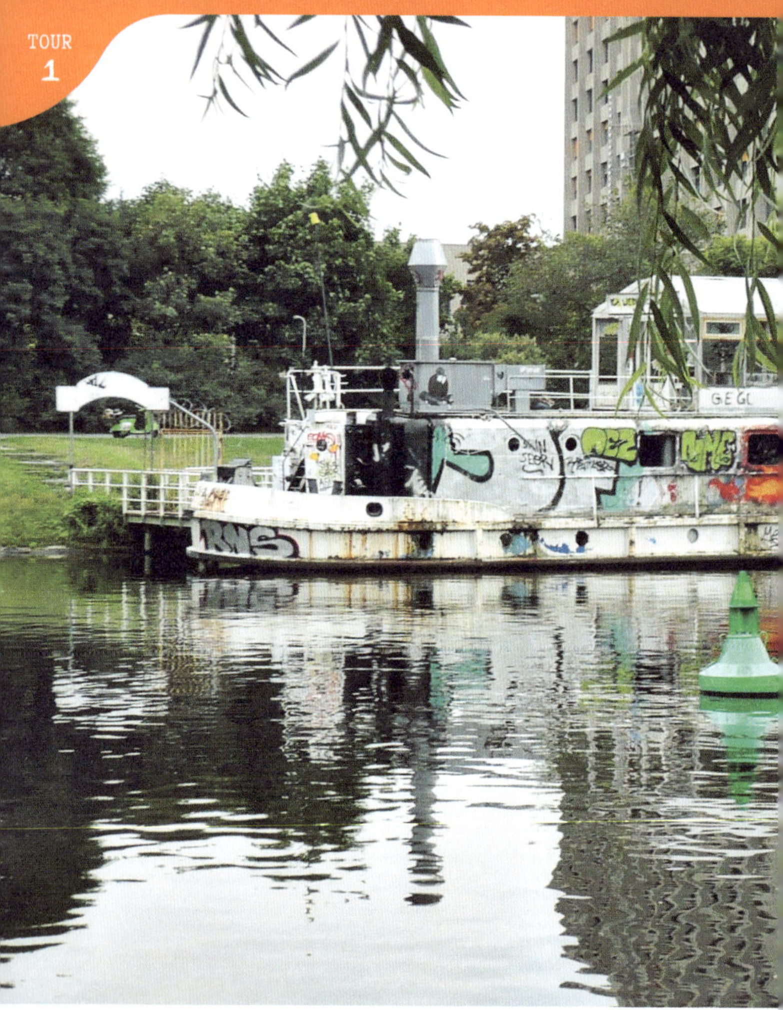

Schiffswrack im Urbanhafen

neben dem Wasser laufen. Das ist das Paul-Lincke-Ufer. Sie folgen nun der Spree und dem Paul-Lincke-Ufer. Entweder laufen Sie auf dem Bürgersteig an den schönen Altbauten vorbei oder direkt am Wasser. Allerdings werden bei gutem Wetter hier viele Radfahrer unterwegs sein.
Nach zwei Blocks biegt links die Lausitzer Straße ein (an der Ecke steht

eine kleine Kirche). Hier verabschieden Sie sich vom Wasser und folgen der Lausitzer Straße. Die zweite Kreuzung, auf die Sie treffen, ist die ! Wiener Straße. Diese überqueren Sie zunächst und biegen dannauf ihr rechts ab. Immer geradeaus laufen Sie auf den 5 Görlitzer Park zu und hinter Schwimmbad und Zirkus links in den Park hinein, besser hinauf.

Ihr Weg führt Sie durch den Park hindurch. Es ist von Vorteil, wenn Sie sich auf der linken Seite halten, damit Sie die Wasserstelle nicht verpassen. Wenn Sie auf die kleinen Wasserterrassen treffen, verlassen Sie hier linker Hand den Park und laufen gegenüber in die Cuvrystraße. Diese verkehrsberuhigte Straße stößt auf die Wrangelstraße. Gemüsehändler, Fischhändler, Kramladen, Biogeschäfte, Fleischereien und Schuster…alles, was der Bewohner braucht. In der Wrangelstraße 70 befindet sich der Hundekuss36 von Caro. Wenn Sie Glück haben, dann ist der Laden offen. Es darf nicht Montag und muss später als 12 Uhr sein.

Nach einem Abstecher in den Hundekuss36 geht es wieder zurück in die bereits bekannte Cuvrystraße. Diese mündet in die Schlesische Straße. Die Homes Bar im Haus 28 ist übrigens einer von zahlreichen Drehorten der Soap „Berlin Tag und Nacht".

Biegen Sie auf der Schlesischen Straße links ab. So erreichen Sie den U-Bahnhof Schlesisches Tor, ein weiterer Dreh- und Angelpunkt Kreuzbergs – vor allem nachts.

	Info
H	S5, S7, S75, 140, 142, 147, 240, 248, 347 bis Ostbahnhof, U1, U8 bis Kottbusser Tor, 140 bis Mariannenplatz
P	Mariannenplatz, 10997 Berlin – bisher keine Parkraumbewirtschaftungszone (Stand 2015)
	nicht am 1. Mai (Demo), dienstags und freitags ist Markt, vormittags schläft Kreuzberg gerne lang
€	Hundekuss36, Wrangelstraße 70, 10997 Berlin, www.hundekuss36.de
	City Toilette Mariannenplatz, City Toilette Lausitzer Platz, City Toilette Paul-Lincke-Ufer
	Café Ela, Mariannenplatz 23, 10997 Berlin; Edelweiß, Görlitzerstraße 1 – 3, 10997 Berlin, Straßenimbiß Hühnerhaus36, Görlitzerstraße 1, 10997 Berlin, De Noantri, Görlitzerstraße 63, 10997 Berlin
	Engelbecken, Legiendamm, 10179 Berlin; Görlitzer Park, Wasserterrasse und Parkteich, Görlitzer Ufer bzw. Ausgang Cuvrystraße, 10997 Berlin

Am Schlesischen Tor gehen Sie links in die Skalitzer Straße und danach geradeaus. Überqueren Sie am Hühnerhaus36 die Straße nach rechts, schlendern Sie über den 6 Lausitzer Platz rechterhand an der gleichnamigen Kirche vorbei in die Eisenbahnstraße. Schon gleich an der nächsten Kreuzung geht es links ab in die Muskauer Straße. Und da sehen Sie es schon wieder vor sich: das Bethanien.

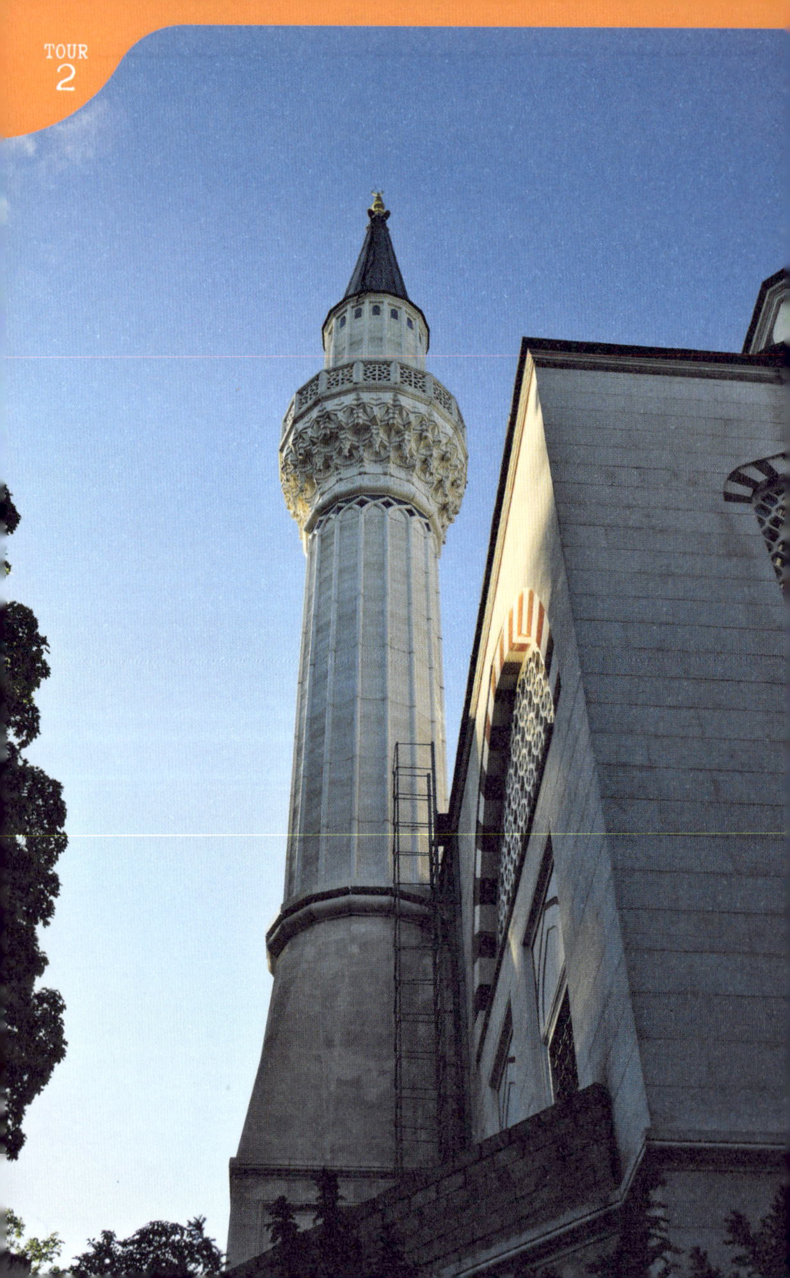

Von Integration und Toleranz

Neukölln

Hundefreundlichkeit: **Ähnlich wie Kreuzberg ist Neukölln ein hundefreundlicher Bezirk, was nicht zuletzt an der Bevölkerungsstruktur liegt. Viele junge Leute, der eine oder andere mit einem extrem liberalen Lebenskonzept unterwegs. Viele Hunde laufen auch auf großen Straßen frei – wunderbar. Ich glaube nicht, dass Neukölln ein großes Absatzgebiet von Flexileinen ist. Neukölln hat als Hundefreilaufgebiete drei Bereiche auf dem Tempelhofer Feld, eines im Volkspark Hasenheide und inoffiziell auch eines auf dem St. Jacobi Friedhof.**

Tour-Info	↔ 8 km	2–2,5 Std.
Kategorie:	Rundwanderung, mittel	
Start-Ziel:	Columbiadamm 122, 10965 Berlin	
Strecke:	Columbiadamm – Tempelhofer Freiheit – St. Thomas-Kirchhof – Thomashöhe – Lessinghöhe - Körnerpark – Jonasstraße – Schillerkiez – Tempelhofer Freiheit – Columbiadamm	

Neben dem Eingang zur **1** Tempelhofer Freiheit befinden sich die Sehitlik Moschee und der Friedhof am Columbiadamm, ehemals Garnisonsfriedhof. Diese beiden Einrichtungen sind bemerkens- und besuchenswert, allerdings ohne Vierbeiner. Sollten Sie mit dem Auto anreisen, dann macht es Sinn, sich vorab über Besuchszeiten in der Moschee zu informieren und den Hund, sofern es das Wetter erlaubt, während der Besichtigung im Auto zu lassen. Er wird ja mit einem ausgedehnten Kiezrundgang für das Warten belohnt.

Danach geht es dann auf das Tempelhofer Feld, auch Tempelhofer Freiheit genannt. Mittels Volksentscheid wurde am 25. Mai 2014 unter den Berliner Bürgern die Entscheidung getroffen, die Bebauung des Tempelhofer Feldes zu verhindern. Wesentlichen Anteil daran hatte die Initiative 100 % Tempelhofer Feld. Wie schön, wenn Bürger noch mitbestimmen können. So kommen Sie heute in den Genuss der kompletten Weite des Feldes – unverbaut und unverstellt. Auf dem Tempelhofer Feld erwarten Sie

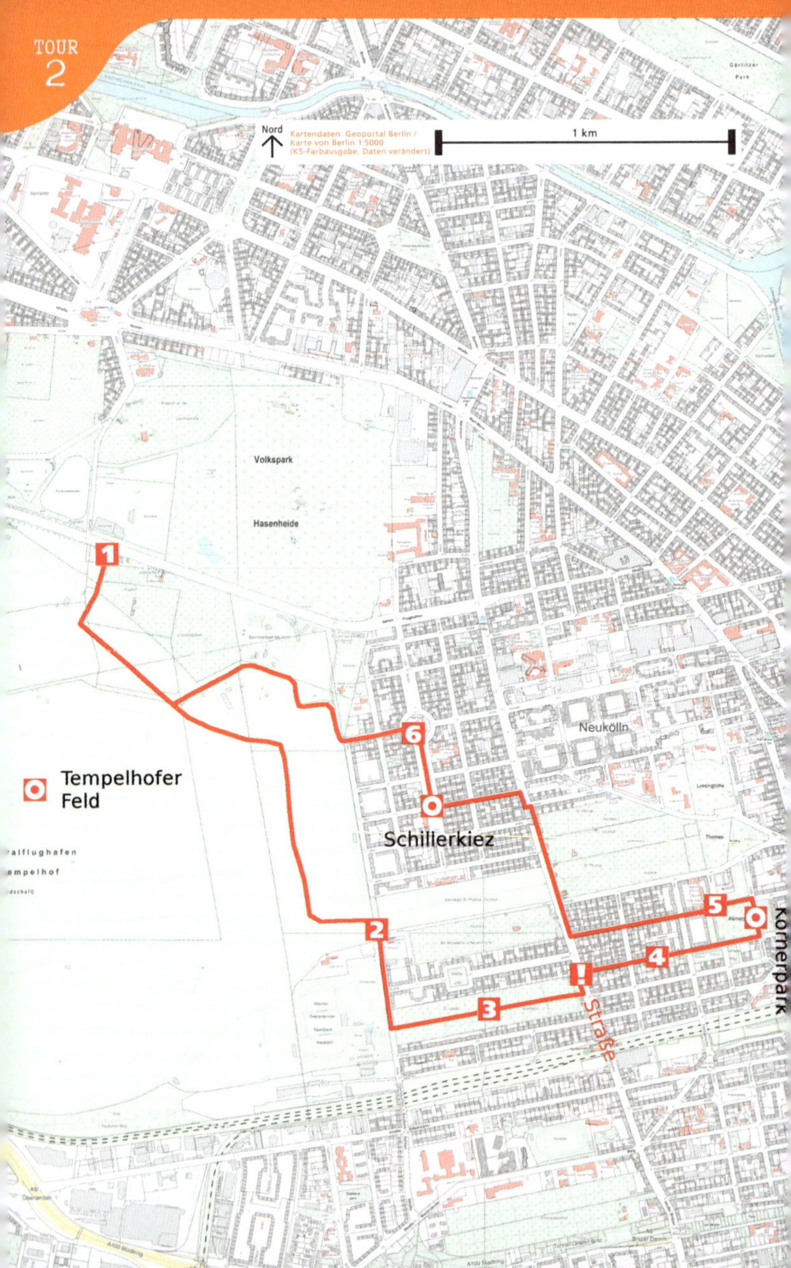
TOUR
2
Nord
Kartendaten: Geoportal Berlin / Karte von Berlin 1:5000 (K5-Farbausgabe, Daten verändert)
1 km
Volkspark
Hasenheide
Neukölln
Tempelhofer
Feld
Schillerkiez
Straße
Körnerpark
1
2
3
4
5
6
!

Joggingstrecken, Skaterbahnen, drei eingezäunte Hundeausläufe, Hochgärten, Vogelschutzgebiete, Aussichtspunkte und viel mehr.

Wir laufen duch die linke, obere Hälfte des Feldes. Die Nord- und die Südbahn durchkreuzen das Flugfeld der Länge nach. Sie laufen über beide Bahnen hinweg und am Ende der Südbahn, das ist die hintere Bahn, verlassen Sie das Tempelhofer Feld und stehen auf der 2 Oderstraße. Diese biegen Sie rechts ab. Hinter der Warthestraße biegen Sie nach links ab und gehen auf den 3 St. Jacobi Kirchhof. Ja ja, keine Bange, Sie dürfen mit Ihrem Hund auf diesen alten Gottesacker. Und wundern Sie sich nicht, wenn Ihnen hier einige Hunde im glücklichen Freilauf begegnen, denn der alte Kirchhof ist so eine Art inoffizielles Auslaufgebiet Neuköllns. Es wird schon lange darüber diskutiert, dieses auch offiziell zu machen. Also Leinen los!

Den Kirchhof überqueren Sie in schnurgerader Linie, bis Sie am Ende auf der ! trubeligen Hermannstraße landen. Hier ist Anleinen auf jeden Fall angesagt, denn Sie stehen auf einer der Schlagadern Neuköllns. Lassen Sie das bunte Treiben auf sich wirken. Unglaublich, was sich hier so alles den Bürgersteig teilt. So bunt wie die Menschen sind auch die Bauten: von runtergekommen bis modern ist hier alles zu finden. Auf der Hermannstraße gehen Sie ein Stück nach links, überqueren die Straße und biegen gegenüber in die deutlich ruhigere 4 Schierker Straße ein. In dieser Straße befindet sich ein Neuköllner Kleinod: O der Körnerpark, besonders im Sommer ein Highlight. Tauchen Sie ab in diesen Park und lassen Sie diese bezaubernde Grünanlage auf sich wirken.

Den Körnerpark durchqueren Sie nicht der Länge, sondern der Breite nach und kommen dann auf der anderen Seite auf der 5 Jonasstraße heraus. Hier biegen Sie links ab. Wenn Ihr Vierbeiner anfängt, aufgeregt an der Leine zu ziehen, hat er vermutlich schon den Duft der Tierfutterkrippe in der Nase. Hier gibt es alles, was das Hundeherz begehrt. Und der Hundehalter bekommt ungefragt ein

Geschichtliches

Neukölln ist ein Bezirk im Berliner Westen und inzwischen im Ringbahnbereich gelegen. Früher, ganz früher, lag dieser Bezirk vor den Toren der Stadt und war eher ein Dorf als Großstadt. Das hat sich heute geändert. Neukölln ist genau wie der Nachbar Kreuzberg multi-kulti und was sich hier in den letzten Jahren getan hat, ist für viele zauberhaft, für andere erschreckend.

Ausreißer!

Wenn Sie sich noch mehr Grün gönnen möchten, dann verlassen Sie den Körnerpark linker Hand. Sie kommen auf der Rübelandstraße heraus und laufen diese entlang, bis Sie über die Thomasstraße hinweg die Grünanlage Thomashöhe erreichen. Und hinter der Thomashöhe folgt die Lessinghöhe. Wenn Sie beide entdeckt haben, geht es zurück zur Rübeland-/Ecke Jonasstraße.

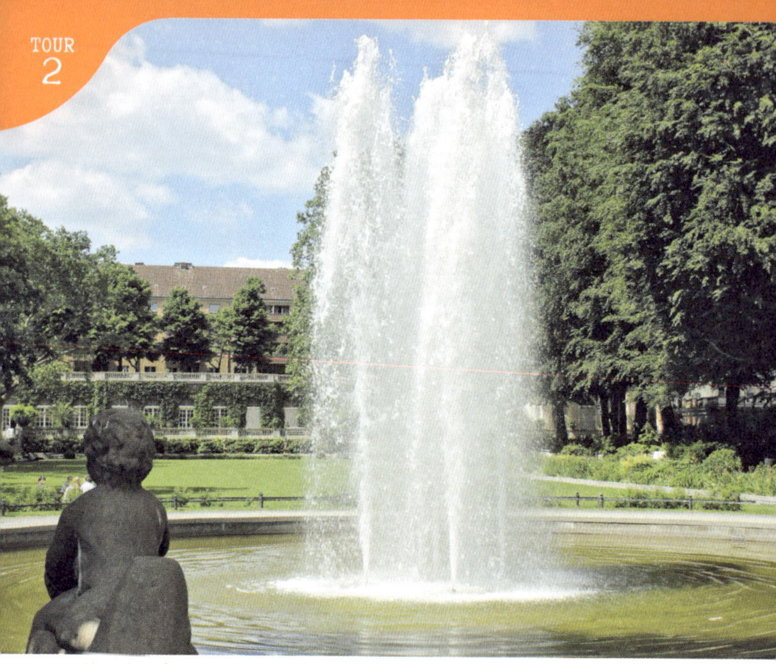

Körnerpark, Neuköllner Idylle

ordentliches Stück Berliner Schnauze vom Inhaber, Harmut Doddeck, dazu. Ditt is die Hauptstadt.

Nach dem Auffüllen der Leckerlibeutel geht es weiter die Jonasstraße entlang zurück auf die Hermannstraße. Diese biegen Sie rechts ab und nach kurzer Zeit erstrecken sich auf der rechten Seite weitere Friedhöfe. Insgesamt acht Friedhöfe befinden sich auf der Hermannstraße. Und da wir uns in einem liberalen Stadtteil befinden, ist der Besuch mit einem angeleinten Hund auf den meisten erlaubt. Also wenn Sie noch nicht genug von Gräbern haben, dann werfen Sie einen Blick auf die zu Ihrer Rechten. Es lohnt sich.

Hintergrundinformationen

Das Tempelhofer Feld früher: 1923 wurde hier der Linienverkehr aufgenommen und in den 30er Jahren stand der Flughafen an der Spitze des europäischen Flugverkehrs noch vor Paris, Amsterdam und London. Unglaublich, wenn man heute über das Flugfeld spaziert. Einen dunklen Schatten warf die Geschichte zu Zeiten Nazideutschlands über dieses Stückchen Berlin. So befand sich hier am Flughafen sowohl das SS-Gefängnis „Columbia-Haus“, das später als Konzentrationslager geführt wurde, als auch ein Barackenlager für Zwangsarbeiter während des 2. Weltkrieges. Nach dem Zweiten Weltkrieg wurde der Flughafen zum amerikanischen Militärstützpunkt und - wie wir alle wissen – zwischen dem 26. Juni 1948 bis 12. Mai 1949 zum Dreh- und Angelpunkt der Berliner Luftbrücke.

Hinter den Friedhöfen befindet sich auf ihrer rechten Seite die Leykestraße. Überqueren Sie hier die Hermanstraße erneut und biegen gegenüber in die Allerstraße ab, die auf die Schillerpromenade führt. Sie befinden sich jetzt im gleichnamigen ⦿ Schillerkiez. Der Schillerpromenade folgen sie nach rechts, so dass Ihnen der 6 Herfurthplatz nicht verborgen bleibt.
Seit Mai 2010 beobachtet die Tageszeitung taz die Veränderungen im Schillerkiez. Und dank den Filmemachern Julia Seedler und Andreas Umpfenbach ist der Schiller-Kiez auch im Film verewigt – genauer in diversen Kurzfilmen mit dem Titel "Home Sweet Home". Inzwischen müssen sich hier die traditionellen Eck-Kneipen wie "Schillers", "Allereck" und "Bierbaum" gegen die Konkurrenz von "Frollein Langner", hausgemachten Kuchen und Biowein erwehren. Nicht leicht. Gentrifizierung ist das Stichwort, das sich nach Prenzlauer Berg nun auch in Neukölln umtreibt. Kommen Sie mal in fünf Jahren wieder und vergleichen Sie. Mal sehen, ob Sie dann noch ungehindert und unverbaut über das Tempelhofer Feld kommen. Dahin geht es jetzt übrigens zurück, indem Sie am Herfurthplatz links in die Herfurthstraße einbiegen. Und je nach Lust und Laune entdecken Sie auf eigene Faust das Tempelhofer Feld auf seinen ganzen 386 Hektar – so groß wie der New Yorker Central Park. Oder Sie gehen zurück zum Auto, weil Sie für heute genug gesehen haben. Wie auch immer: Viel Spaß!

	Info
H	U7 bis Südstern, U8 bis Boddinstraße 104 bis Friedhöfe Columbiadamm
P	Columbiadamm, bisher keine Parkraumbewirtschaftungszone (Stand 2015)
◷	nicht freitags, da ist der Columbiadamm wegen des Freitagsgebetes in der Sehitlik-Moschee voll
€	Tierfutterkrippe, Jonasstraße 39, 12053 Berlin
WC	City Toilette Schillerpromenade Herfurthplatz, City Toilette Boddinplatz
🍴	Pele Mele I vegan, Innstraße 26, 12043 Berlin, im Sommer: Café im Körnerpark, Schierker Straße 8, 12051 Berlin
💧	im Sommer Springbrunnen im Körnerpark, Rixdorfer Teich, Hasenheide

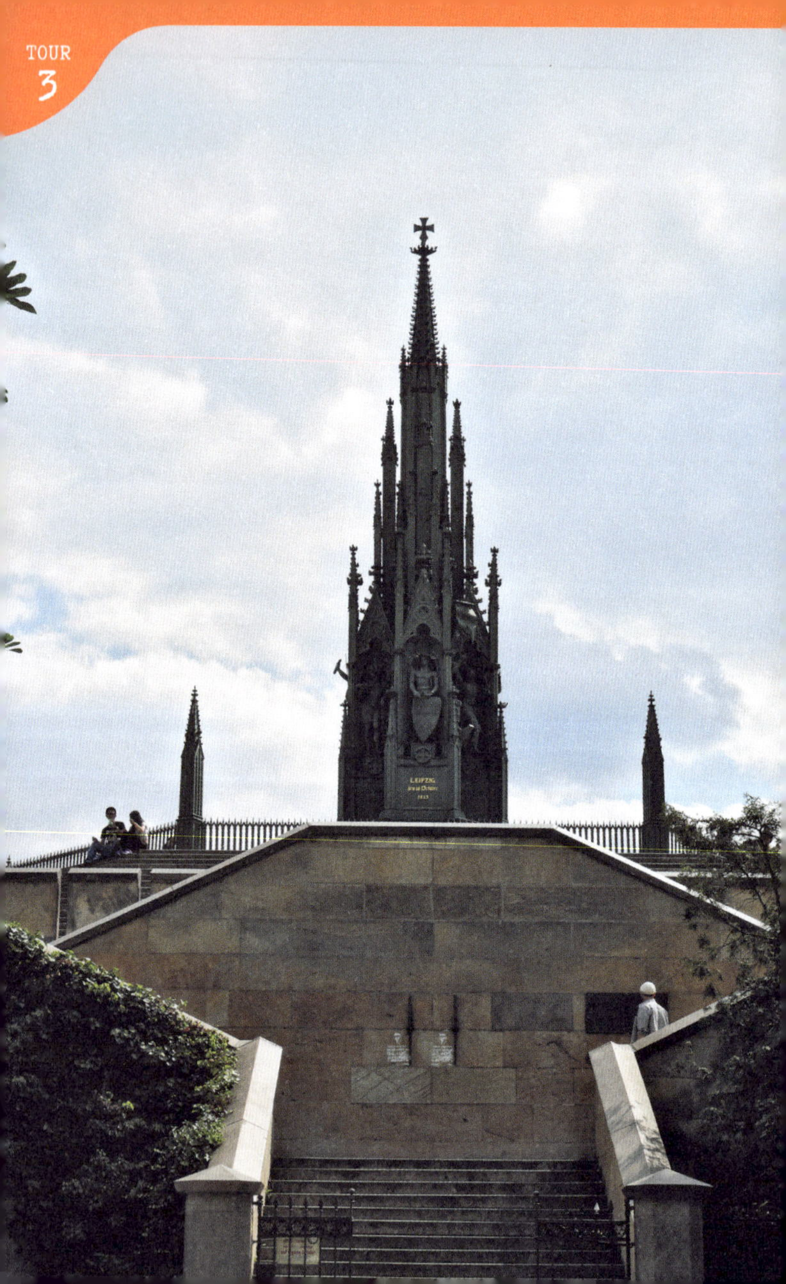

Von Wattebäuschen und Widerstand

Schönes Schöneberg

Hundefreundlichkeit: **Diese Strecke ist urbaner als andere, was bedeutet, dass Ihr Hund weitestgehend an der Leine bleibt. Zwei Straßen, die Goltzstraße und die Akazienstraße sind etwas schmaler. Hunde werden hier aber in der Regel interessiert, mitunter verzückt angesehen und nicht als störend empfunden.**

Tour-Info	↔ 7 km	2,5 Std.
Kategorie:	Rundwanderung, mittel	
Start-Ziel:	Katzbach- /Ecke Monumentenstraße, 10965 Berlin	
Strecke:	Katzbach-/Ecke Monumentenstraße – Monumentenbrücke – Rote Insel – Hauptstraße – Kleistpark – Winterfeldtplatz – Maaßenstraße – Nollendorfplatz – Motzstraße – Gossowstraße – Winterfeldtstraße - Goltzstraße – Grunewaldstraße – Akazienstraße – Hauptstraße – Crellekiez – Monumentenbrücke - Viktoriapark	

Sie starten Ihre Tour am Fuße des Kreuzberges im Viktoriapark. Den Aufstieg auf den Gipfel heben Sie sich als Highlight für Ihre Rückkehr auf – Hüttengaudi inclusive.

Zunächst laufen Sie die Monumentenstraße entlang und überqueren die 1 Monumentenbrücke. Eine kurze Rast auf der Brücke bietet sich an. Der Blick nach rechts ist ein Blick auf die moderne Skyline des Potsdamer Platzes. Sie sehen die spektakuläre Dachkonstruktion des Sony Centers, die Hochhäuser des DB-Towers und des Kollhoff-Towers, in dem der schnellste Aufzug Europas seine Fahrgäste in rasanter Geschwindigkeit auf das Dach katapultiert.

Wenn Sie nach links blicken, erkennen Sie den Gasometer, in dem Günter Jauch sonntags talkt bzw. talkte.

Folgen Sie weiter der Monumentenbrücke, gelangen Sie auf die sogenannte Rote Insel. So wird der Bereich zwischen den Brücken genannt. Die Bewohner wählten damals wie eventuell auch heute traditionell rot und haben den Nazis seinerzeit erbitterten Widerstand geleistet.

Nach der Brücke folgen Sie weiter der Straße und laufen am St. Matthäus-Kirchhof vorbei. Hier liegen einige

TOUR 3

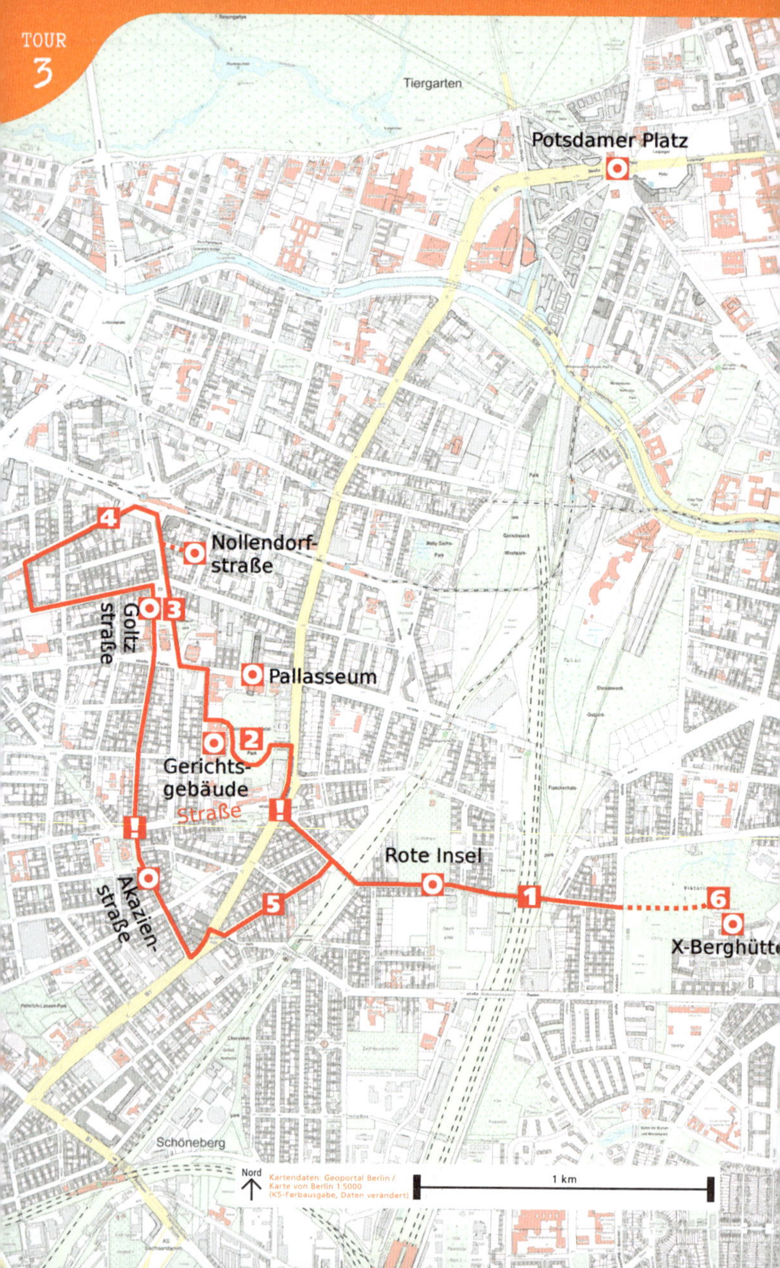

Tiergarten
Potsdamer Platz
4
Nollendorf-
straße
3
Goltz
straße
Pallasseum
2
Gerichts-
gebäude
Straße
Rote Insel
1
6
X-Berghütte
5
Akazien-
straße
Schöneberg
Nord
Kartendaten: Geoportal Berlin /
Karte von Berlin 1:5000
(K5-Farbausgabe, Daten verändert)
1 km

Berühmtheiten begraben wie zum Beispiel die Gebrüder Grimm.

Automatisch gelangen Sie am U-Bahnhof Kleistpark auf die Hauptstraße. Überqueren Sie die **1** Hauptstraße, biegen nach rechts auf die Potsdamer Straße ab und Sie sehen nach ein paar Metern auf Ihrer Straßenseite die Königsarkaden. Diese schönen Bögen finden ihre Ergänzung auf der Leipziger Straße in der Nähe des Alexanderplatzes. Dort mussten sie dem ausufernden Verkehr weichen und haben am Eingang zum **2** Kleistpark eine neue Heimat gefunden.

Sie biegen nun links in den Kleistpark ab und laufen auf das ⊙ Gerichtsgebäude am Kopfende der Parkanlage zu. Der Kleistpark war früher Botanischer Garten, in dem u. a. Adalbert von Chamisso wirkte.

Am Kopfende des Parkes steht das Berliner Kammergericht. Es ist das älteste deutsche Gericht, das ohne Unterbrechung gearbeitet hat. Von August 1944 bis Januar 1945 tagte in dem Gebäude der Volksgerichtshof, der die Schauprozesse gegen die Beteiligten am Attentat auf Hitler im Juli 1944 verhandelte. Nach dem Zweiten Weltkrieg 1945 wurde das Gebäude Sitz des Alliierten Kontrollrates für Deutschland.

Werfen Sie noch einen Blick auf die beiden Skulpturen vor dem Gerichtsgebäude, die Rossebändiger. Ein Pendant von ihnen befindet sich in St. Petersburg.

Rechts hinter dem Gerichtsgebäude verlassen Sie den Park, biegen rechts ab in die Elßholzstraße und laufen auf den **3** Winterfeldtplatz zu. Rechts an der nächsten Straßenecke steht die Sophie-Scholl-Schule und Ihnen zu Füßen befindet sich die Pallasstraße. Blicken Sie mal nach rechts. Sehen Sie diesen Riesenbau, der sich über die Straße spannt. Das ist das sogenannte ⊙ Pallasseum – sozialer Wohnungsbau und multikultureller Schmelztiegel. Sein Spitzname ist auch Sozialpalast, denn früher stand an dieser Stelle der berühmte Sportpalast, in dem Max Schmeling geboxt und Goebbels den totalen Krieg ausgerufen hat.

Wenn Sie über die Pallasstraße laufen, sehen Sie gegenüber an der Ecke ein sehr modernes Gebäude des Architekten Schaller.

Überqueren Sie nun den Winterfeldtplatz, der bebauungstechnisch ohne bunten Markttrubel nicht viel hergibt. Man hat ihn wohl zu Tode renoviert. Auf dem Platz befindet sich die Pauluskirche.

Es geht geradeaus weiter in die Maaßenstraße. Nehmen Sie die rechte

Geschichtliches

Schöneberg ist untrennbar mit David Bowie verbunden. Von 1976 bis 1978 hat er in Berlin in der Hauptstraße 155 gewohnt, in der, wie er selbst sagte, Hauptstadt des Heroins. Sein Nachbar war Iggy Pop und man sah die beiden nicht selten zu später Stunde frühstücken im Anderen Ufer, Hauptstraße 157. Das Andere Ufer war eine berühmte, schwule Traditionskneipe.

Straßenseite, so können Sie einen Abstecher in die Nollendorfstraße machen. Ist das nicht ein wundervoller sanierter Altbau hier? Und auf einmal kehrt man dem Trubel den Rücken und es wird still. Ein wundersamer Kontrast. Nach dem Abstecher kehren Sie zurück auf die Maaßenstraße und machen die paar noch fehlenden Schritte auf den Nollendorffplatz zu. Eines der letzten Geschäfte auf der linken Straße ist übrigens das Boyz ′r′ us – hauptsächlich Mode von Männern für Männer. Interessant.

Noch einen Hüpfer und Sie plumpsen auf den Nollendorfplatz. Damals war der Bahnhof Nollendorfplatz noch um einiges verkehrsreicher als heute. In den goldenen Zwanzigern ging hier die Post ab. Dem Ganzen hat der 2. Weltkrieg ein Ende gesetzt.

Dass wir uns im homosexuellen Zentrum Berlins befinden, macht u. a. die Gedenktafel am Bahnhofsgebäude deutlich. „Totgeschlagen – Totgeschwiegen". Homosexualität in Schöneberg hat Tradition, die die Nazis zerschlagen wollten. Daran erinnert diese Tafel.

Das Goya, das den Platz dominiert, ist das ehemalige Metropol, in dem auch David Bowie und Nina Hagen bereits aufgetreten sind.

Biegen Sie nun links neben dem Goya in die 4 Motzstraße ab. „Während die Motzstraße westlich der Martin-Luther-Straße eher den Charakter einer reinen Wohnstraße aufweist, ist sie zwischen der Martin-Luther-Straße und dem Nollendorfplatz bekannt für eine Häufung schwuler Kneipen, Bars und Restaurants, deren Vorgängerinnen hier schon vor dem Ersten Weltkrieg und in den 1920er Jahren existierten, als Christopher Isherwood in dieser Gegend wohnte." verkündet Wikipedia. Na, dann schauen wir mal. Um die trubelige Martin-Luther-Straße zu umgehen, biegen Sie auf der Motzstraße an der zweiten Kreuzung in die Gossowstraße. Diese ist nicht besonders attraktiv, aber ich möchte Ihnen etwas zeigen und hoffe, dass es noch da ist. Am Ende der Gossowstraße biegen Sie links in die Winterfeldtstraße. Und jetzt schauen Sie mal auf den ersten Balkon hinter der Toreinfahrt. Das ist mein ganz persönlicher „Balkon des Grauens". Sollten die Mieter der EG-Wohnung, die diesen Balkon bisher künstlerisch gestaltet haben, ausgezogen sein, so tut es mir leid. Für mich war der Anblick immer ein Highlight in Schöneberg.

Sollten die Mieter der EG-Wohnung, die diesen Balkon bisher künstlerisch gestaltet haben, dies hier lesen, nehmen Sie es mir nicht übel.

Die Winterfeldtstraße gehen Sie zurück bis zum gleichnamigen Platz und setzen Ihre Tour dann in der wunderschönen Goltzstraße zur Rechten fort. Hinter der Pallasstraße wird die Goltzstraße zu einem Fest: sensationelle Bauten, tolle Geschäfte, nette Cafés, interessante Restaurants ... toll. Am Ende gelangen Sie auf die ! trubelige Grunewaldstraße und setzen

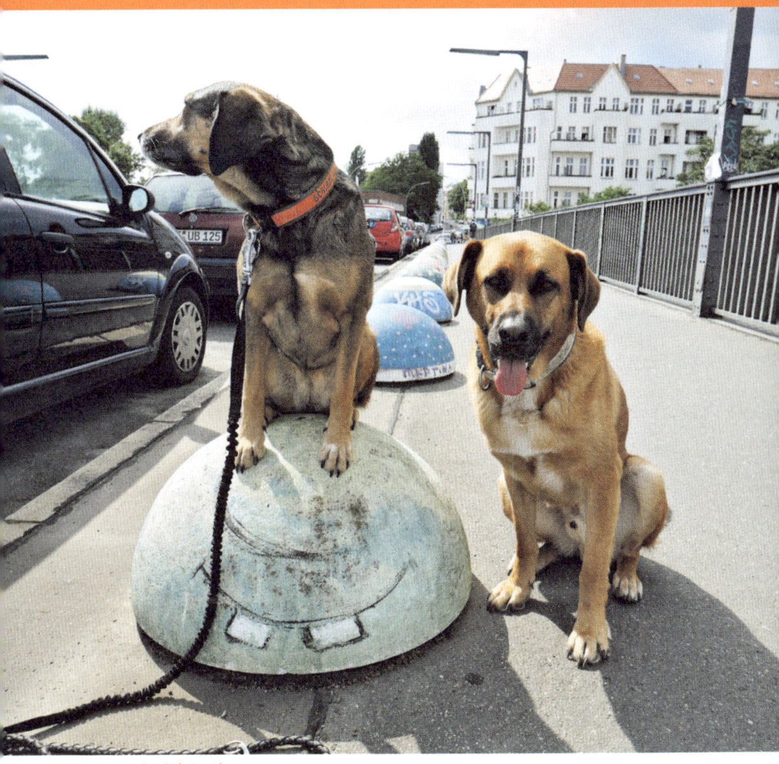

Unterwegs in Schöneberg

Hintergrundinformationen

Schöneberg hat den Ruf, DAS schwul-lesbische Zentrum Berlins zu sein. Dieser Ruf kommt nicht von ungefähr, sondern ist geschichtlich belegt und gewachsen. Aber Schöneberg darauf zu reduzieren, würde diesem Kiez nicht gerecht werden. Schon Emil Kästner wusste die Schönheit und Annehmlichkeiten dieses Kiezes zu schätzen und wohnte hier einige Jahre zur Untermiete. Die Gegend rund um den Nollendorfplatz gab ihm Inspiration für seinen „Emil und die Detektive". Und auf einer Parkbank auf ebendiesem Platz hat Altkanzler Helmut Schmidt seiner Loki die Verlobung angeboten.

Ihren Weg geradeaus fort. Die Straße, auf der Sie nun leicht bergan gehen, ist die Akazienstraße, die der Goltzstraße in nichts nachsteht. Augen auf und den Blick scheinwerferartig schweifen lassen.

Zurück auf der Hauptstraße unternehmen Sie eine Links-Links-Kombi: links bis zur nächsten Ampel, über die Hauptstraße, wieder nach links über die Ampel und ganz schnell rein in den ruhigen 5 Crellekiez. In dieser Straße befindet sich nicht nur das Museum der unerhörten Dinge (No. 5-6),

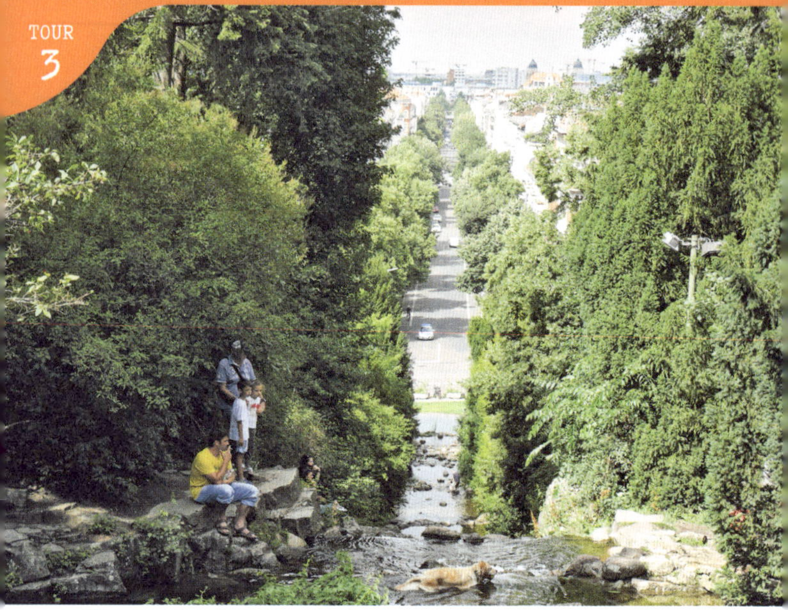

Viktoriapark an der Grenze zu Schöneberg

Kolonaden am Kleistpark

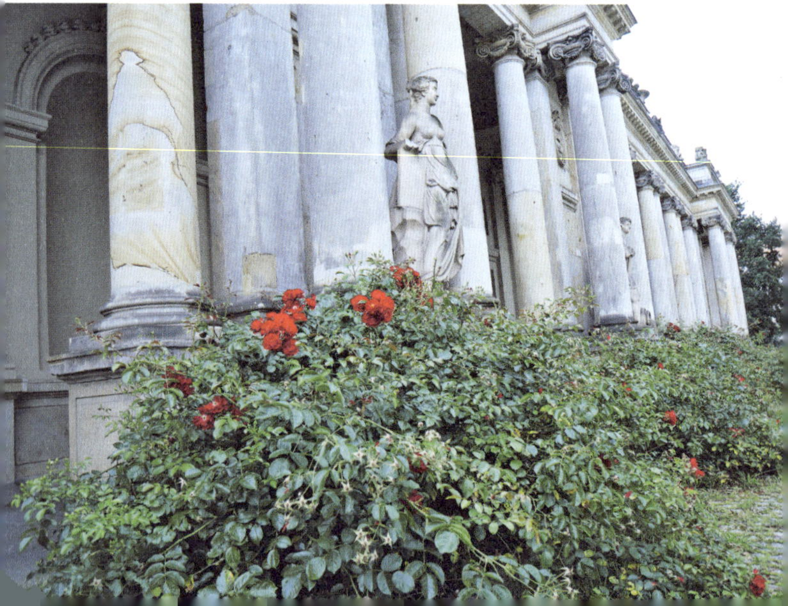

sondern auch der Spielraum Strandgut (No. 19/20). Linsen Sie hier mal durch die Fenster. Das Strandgut ist ein Spielraum für Jung und Alt. Kinder können hier mit Alltagsgegenständen umgehen und spielen und das teilweise im Stroh.

Ach, wenn das mal jemand für Hunde eröffnen würde.

Über die Monumentenbrücke verlassen Sie Schöneberg und kehren zurück zum 6 Viktoriapark. Ach ja, da war ja noch was. Genau. Jetzt geht es hinauf auf den Gipfel zur Erstürmung des Nationaldenkmals für die Siege in den Befreiungskriegen. Von dort oben haben Sie wirklich eine tolle Aussicht. Hinter dem Denkmal befindet sich übrigens der Ort für die versprochene Hüttengaudi, die X-Berghütte. Dieses kleine Café ist nur bei schönem Wetter geöffnet. Dann werden Sie dort vom Almwirt Philipp und seiner Hündin Shiba willkommen geheißen und dürfen nun zu Recht genießen, was die Karte hergibt.

	Info
H	140 bis Monumentenstraße Linie 140, U6 bis Platz der Luftbrücke, S2, S25, U7 bis Yorckstraße
P	Katzbachstraße, bisher keine Parkraumbewirtschaftungszone (Stand 2015)
	nicht mittwochs oder samstags, da Markttag; nicht am 2. Wochenende im Juni, da schwul-lesbisches Straßenfest (Angaben ohne Gewähr); am besten vormittags, nach Feierabend wird es voll auf den Straßen
€	Bionapf, Belziger Straße 29,10823 Belrin www.bionapf.de; true FILOU, Bülowstraße 65, 10783 Berlin www.truefilou.com
	City Toilette Platz der Luftbrücke, City Toilette Haupstraße / Albertstraße Mittelinsel,
	X-Berghütte, Viktoriapark 26, 10965 Berlin hinter dem Nationaldenkmal
	Wasserfälle im Viktoriapark, Handpumpe Nollendorfstraße, April bis Oktober Brunnen Crellestraße 37, 10827 Berlin

Berlin
Berauschend

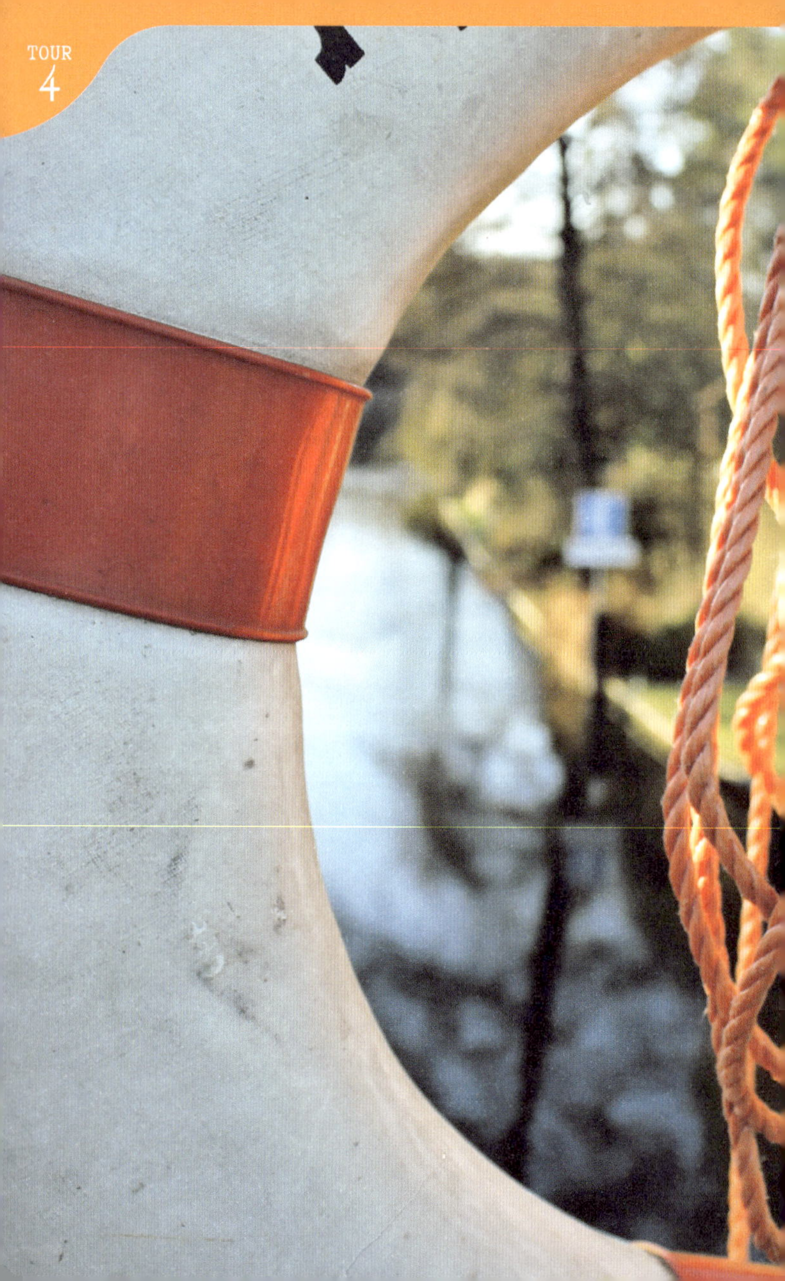

Berlins Venedig

Hundefreundlichkeit: **Hier ist selten so richtig viel los. Die meisten Menschen, die hier herumschlenzen, sind entspannte Besucher oder Anrainer, die hier einen Garten oder ein Boot haben. Es geht entspannt zu in Rahnsdorf.**

Tour-Info	↔ 7 km	2 Std.
Kategorie:	Rundwanderung, mittel	
Start-Ziel:	S-Bahnhof Wilhelmshagen	
Strecke:	S-Bahnhof Wilhelmshagen – Püttberge – Püttbergeweg – Grünheider Weg – Fürstenwalder Allee – Plutoweg - Mühlenweg – Dorfstraße – Anleger – Dorfstraße – Str. 546 – Str. 545 – Schleiengang – Plutoweg – Rialtoring – Elsterweg – Rialtoring – Lagunenweg – Fürstenwalder Allee	

Ob das nun exakt die sieben besungenen Brücken werden, das liegt an Ihnen. Aber möglich wäre es in Rahnsdorf – dem Klein Venedig Berlins. Diese Route ist mehr denn je nur ein Vorschlag. In Rahnsdorf macht es großen Spaß, sich treiben zu lassen, zwischen den Kanälen hin und her zu wechseln, Häuser zu bestaunen, den Bootsfahrern auf den Flüsschen zuzuwinken und sich vorzustellen, wie es wäre, hier zu leben. Aber Vorsicht: bequeme Schuhe sind Pflicht, denn manchmal fehlen an entscheidenden Stellen eben jene sieben Brücken. Sie starten Ihre Bella Italia Tour am ⦿ S-Bahnhof Wilhelmshagen. Diese S-Bahnstation ist die letzte auf Berliner Gebiet. Darüberhinaus ist dieser Bahnhof ein ausgenommen schöner. Schauen Sie mal rein. Haben sie die sogenannten Hampelmänner gesehen, die Zugzielanzeiger – was für ein Wort. Auf der anderen Seite der Schienen erhebt sich der ⦿ Waltersdorfer Dünenzug, auch Püttberge genannt. Dabei handelt es sich nicht einfach nur um eine Binnendüne – nein – Wikipedia verspricht, dass das die mächtigsten Dünen in Berlin und Brandenburg sind. Ich möchte Wikipedia keinesfalls kritisieren, empfinde aber auch die Binnendüne bei Storkow als recht mächtig. Übrigens auch ein schöner Ausflugstipp.

Wenn Sie Lust haben, fangen Sie Ihre Tour mit einer Bergbesteigung an

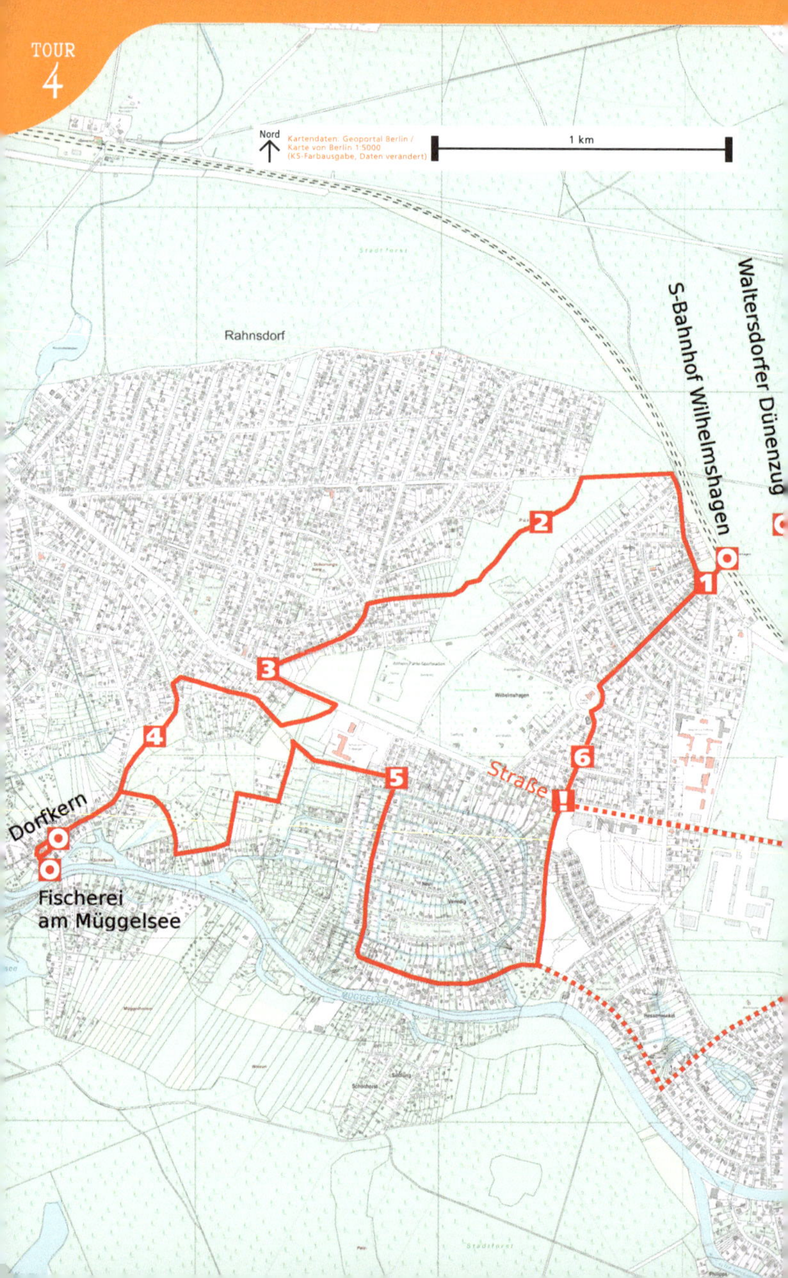
Nord
Kartendaten: Geoportal Berlin / Karte von Berlin 1:5000 (K5-Farbausgabe, Daten verändert)
1 km
Rahnsdorf
Waltersdorfer Dünenzug
S-Bahnhof Wilhelmshagen
Straße
Dorfkern
Fischerei am Müggelsee
1
2
3
4
5
6

und kehren dann an den Ausgangspunkt am S-Bahnhof zurück. Allerdings empfehle ich Ihnen, dafür lieber noch einmal zurück zu kommen und sich dann ausgiebigst den Dünen zu widmen. Man muss es ja nicht gleich übertreiben.

Je nachdem, wo Sie geparkt haben, gehen Sie ein Stückchen die 1 Schönblicker Straße zurück, weg vom S-Bahnhof und biegen Sie rechts in die Erknerstraße ein. Da diese sowohl rechts als auch links abgeht, achten Sie darauf dass Sie den S-Bahnhof im Rücken haben – dann rechts.

Die Erknerstraße wird zum Püttbergweg und bringt Sie in einen Ausläufer der 2 Püttberge. Zunächst folgen Sie dem Weg geradeaus ins Grüne. Bei der ersten Gelegenheit biegen Sie links ab und laufen ca. 200 Meter weiter geradeaus. Dann macht der Weg einen Rechtsknick und Sie landen am Waldweg und somit am Beginn einer Siedlung. Diese streifen Sie aber nur und folgen weiter dem Weg durch die Püttberge, also leicht links.

Ungefähr einen halben Kilometer weiter teilt sich der Pfad. Nehmen Sie den rechten Weg von den beiden und nach ca. 300 Meter verlassen Sie diesen grünen Zug und stehen auf dem Langewahler Weg.

Folgen Sie diesem bis zur Kreuzung Grünheider Weg, biegen dort links ab und gehen vor bis zur großen 3 Fürstenwalder Allee.

Überqueren Sie diese und gehen auf der anderen Straßenseite den Fußweg ein paar Meter links runter. Auf der rechten Seite erscheint ein kleines Wäldchen, in das Sie abbiegen. Folgen Sie dem Pfad durch den Wald und Sie gelangen am Ende automatisch auf den Plutoweg. Hier geht es rechts entlang, bis der Weg endet. Wählen Sie die Linksbiege auf den Mühlenweg, der zur 4 Dorfstraße wird. Diese bringt Sie zum alten Ortskern des ehemals slawischen Fischerdörfchens Rahnsdorf. Es handelt sich bei Rahnsdorf übrigens um ein sogenanntes Sackgassendorf. Diese Art von Siedlung findet sich nur zwischen Ostsee und Erzgebirge. Wie der Name schon sagt, wurden die Höfe und Hofstellen entlang einer Sackgasse angelegt, und die Dörfer hatten nur einen Zugang. Das ist in Rahnsdorf heute nicht mehr so, nichtsdestotrotz noch erkennbar.

Lassen Sie sich durch die Sackgasse Dorfstraße treiben und der Kirche entgegenwehen. Auf dieser Straße befinden sich einige denkmalgeschützte Gebäude. Wirklich schön.

Machen Sie auch unbedingt einen Abstecher zum kleinen Fähranleger und

Geschichtliches

1890 wurde das Rittergut Rahnsdorf an Köpenick verkauft. Die sumpfigen Spreewiesen gehörten dazu. Diese wurden durch Kanäle entwässert und den Berliner Wasserfreunden wurde hier ein Gebiet mit Zugang zum Müggelsee geschaffen. Noch heute ist im inneren Ring kein Dauerwohnrecht zu bekommen, da das Gebiet als Überflutungsgebiet der Spree gilt. Hoffen wir, dass es nie gebraucht wird.

zur Fischerei am Müggelsee. Am Wochenende gehen Sie zwar das Risiko ein, dass Rahnsdorf etwas voller ist, aber Sie haben auch die besten Chancen auf ein sensationell leckeres Fischbrötchen. Es lohnt sich wirklich, sich vorab über die Öffnungszeiten zu informieren.

Hier an der Müggelseefischerei befindet sich, wie schon gesagt, ein kleiner Fähranleger, mit dem man – auch nur in den Sommermonaten – über die Spree auf die andere Seite übersetzen kann, um dort zum Beispiel durch die Müggelwiesen zu spazieren. Ob Ihr Vierbeiner die Bootsfahrt mitmacht?

Es geht die Dorfstraße auf der anderen Seite der Kirche wieder zurück und an der ersten Kreuzung rechts ab in den Asternweg, bzw. die Straße 546. Ja, die heißt wirklich so. Die Nummerierungen folgen dem Bebauungsplan. Anhand der Straßennamen können Sie übrigens auch gut erkennen, wo Sie sich gerade befinden.

Folgen Sie der Straße 546, wobei Sie sich rechts halten. Aus der Straße 546 wird die Blumeslake, auf der es weitergeht. Allerdings nur wenige Meter und Sie biegen links ab in die Straße 545. Hier können Sie nichts falsch machen und sich auf die teilweise wirklich schönen Kleingärten konzentrieren. Automatisch wird der Weg zum Schleiengang, der wiederum auf den Schleiengang zuläuft. Nein, das ist kein Schreibfehler. Am Kopfende des Weges biegen Sie links ein in den – richtig – Schleiengang. Und nach wenigen Metern kommt wieder Abwechslung ins Spiel, wenn Sie rechts auf den Plutoweg abbiegen. Der Name kommt Ihnen ja sicher bekannt vor. Dem Plutoweg folgen Sie, bis Sie zum 5 Rialtoring kommen. Was für ein schöner Straßenname. Und das in Berlin. Und ab hier ist die Strecke Ihrer Kreativität und Ihrer Neugier überlassen. Biegen Sie auf dem Rialtoring rechts ab und lassen sich von den kleinen Straßen und Kanälen locken. Hier können Sie nach Belieben links abbiegen. Die meisten Straßen sind Sackgassen – auch der Finkenweg, der erstmal vortäuscht, über den Kanal zu führen. Tut er aber nicht. Hier in Klein-Venedig ist das Laufen ein Vor und Zurück. Aber ein sehr schönes.

Welchen Weg auch immer Sie gehen,

Ausreißer

Sind Sie noch frisch, neugierig und unternehmungslustig? Dann können Sie hier einen Abstecher zum Hubertussee und zur kleinen Waldkappelle einbauen. Dazu bleiben Sie auf der Biberpelzstraße. Der dritte Abzweig nach dem Lagunenweg ist der Waldweg. Hier biegen Sie links ein und nach wenigen Metern sehen Sie zu Ihrer Rechten den Hubertussee idyllisch eingebettet. Noch ein Stückchen weiter kommen Sie links in ein Wäldchen. Ziemlich weit vorne entdecken Sie auch die kleine Waldkappelle. Mit dem Hund kann man dort zwar nicht hinein, aber schauen Sie sich mal den Stamm links vor der Kappelle an. Da muss man doch lächeln, wenn man sich durch die Schilder liest, oder? Sie können, wenn Sie mögen, für den Rückweg das Wäldchen der Länge nach durchqueren. Folgen Sie Ihren Ohren. Die bringen Sie zurück zur Fürstenwalder Allee.

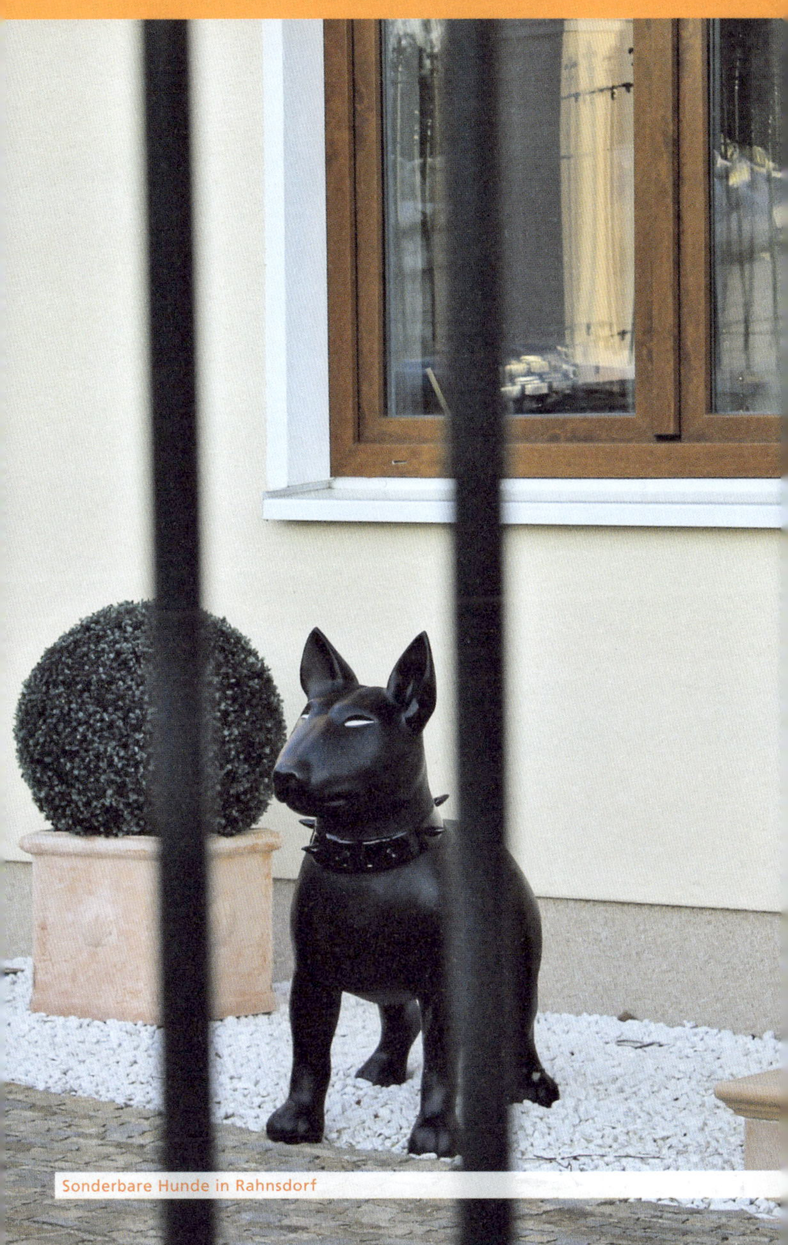

Sonderbare Hunde in Rahnsdorf

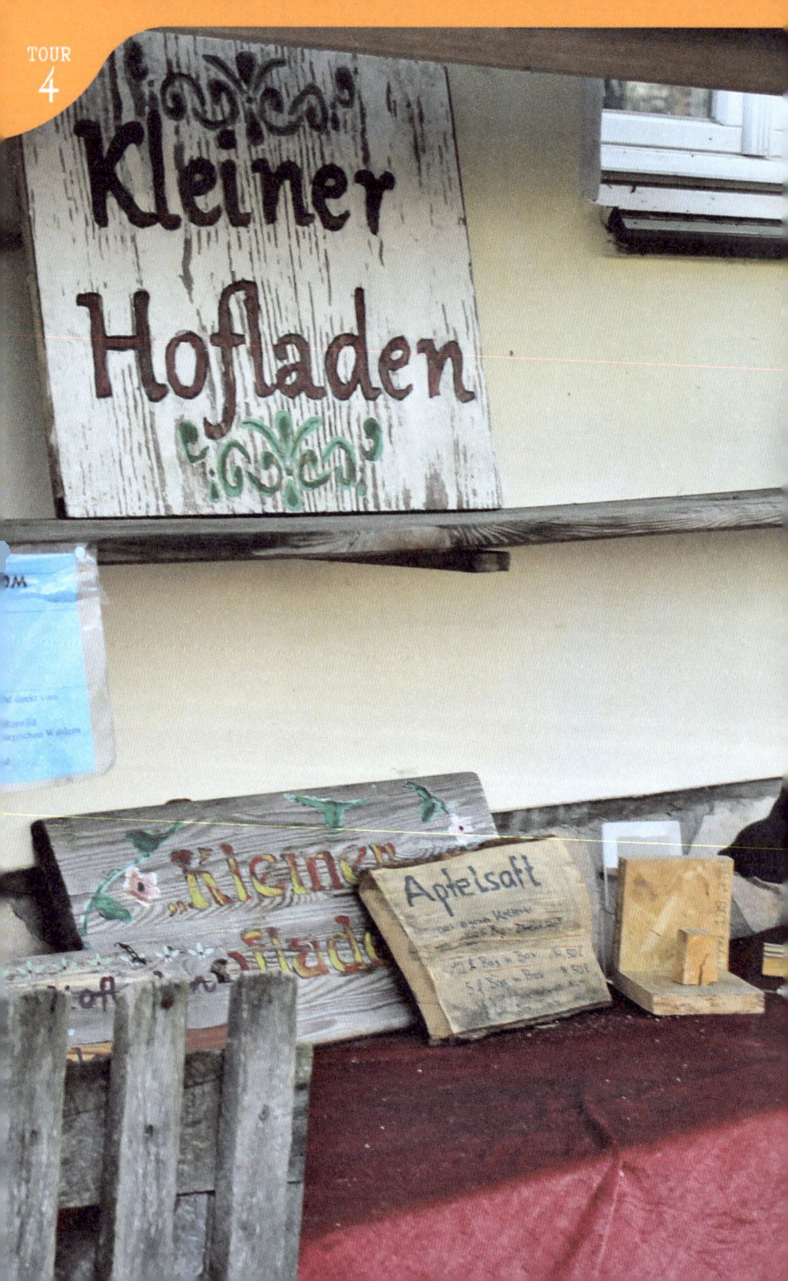
Kleiner
Hofladen
Apfelsaft

am Ende landen Sie immer wieder auf dem Rialtoring. Dieser macht am Ende der Siedlung einen Linksknick und führt einige Meter danach über eine Brücke aus Klein-Venedig heraus. Ein paar Schritte auf der Biberpelzstraße bringen Sie dann zu der Kreuzung Lagunenweg. Hier biegen Sie links ab.
Ohne Ausreißer biegen Sie links in den Lagunenweg. Überqueren Sie die ! Fahrenwalder Allee und folgen Sie der 6 Nickelswalder Straße zurück zur Schönblicker Straße, vorbei an der evangelischen Taborkirche und zurück zum Ausgangspunkt, dem S-Bahnhof Wilhelmshagen.
Na, jetzt noch Lust auf eine Dünenwanderung?

Exkurs Straßennamen

Rahnsdorf verfügt über 64,4 Straßenkilometer, aufgeteilt auf 126 Straßen. Südlich der Fürstenwalder Allee finden sich die Ortslagen Neu-Venedig mit nach Vögeln benannten Wegen zwischen Kanälen, meist vom Rialtoring abgehend, sowie das östlich anschließende Viertel Hessenwinkel am Dämeritzsee. Nördlich der Fürstenwalder Allee bis zum (heutigen) Freienbrinker Saum entstand eine Siedlung, die vorzugsweise Straßenbezeichnungen nach Orten und Ortslagen aus der näheren Umgebung (Erkner, Königs Wusterhausen, Grünheide) besitzen. Andere Straßen wie der Hegemeisterweg – benannt nach den für Forst- und Jagdschutz zuständigen Beamten–, blieben unbebaut. Sie verloren den Status einer Siedlungsstraße und blieben Waldwege, doch das Straßenschild blieb erhalten.

Info

H	S3 bis Wilhelmshagen
P	Schönblicker Straße 2, 12589 Berlin
Zeit	Frühjahr und außerhalb der Ferienzeit
€	keine bekannt
WC	S-Bahnhof Wilhelmshagen
Gastronomie	Gaststätte Neu Venedig, Finkenweg 348, 12589 Berlin www.neuvenedig.de
Baden	überall

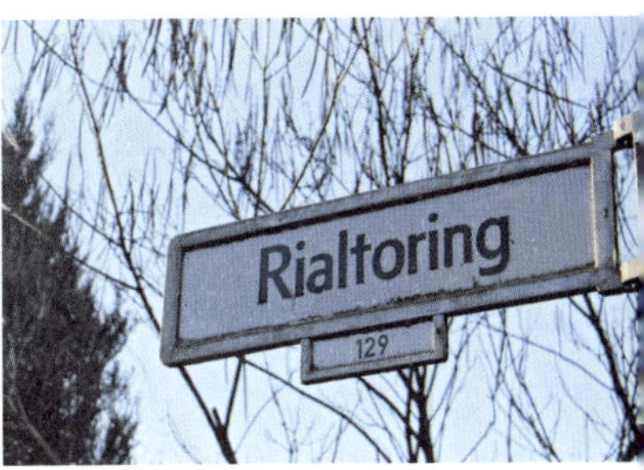

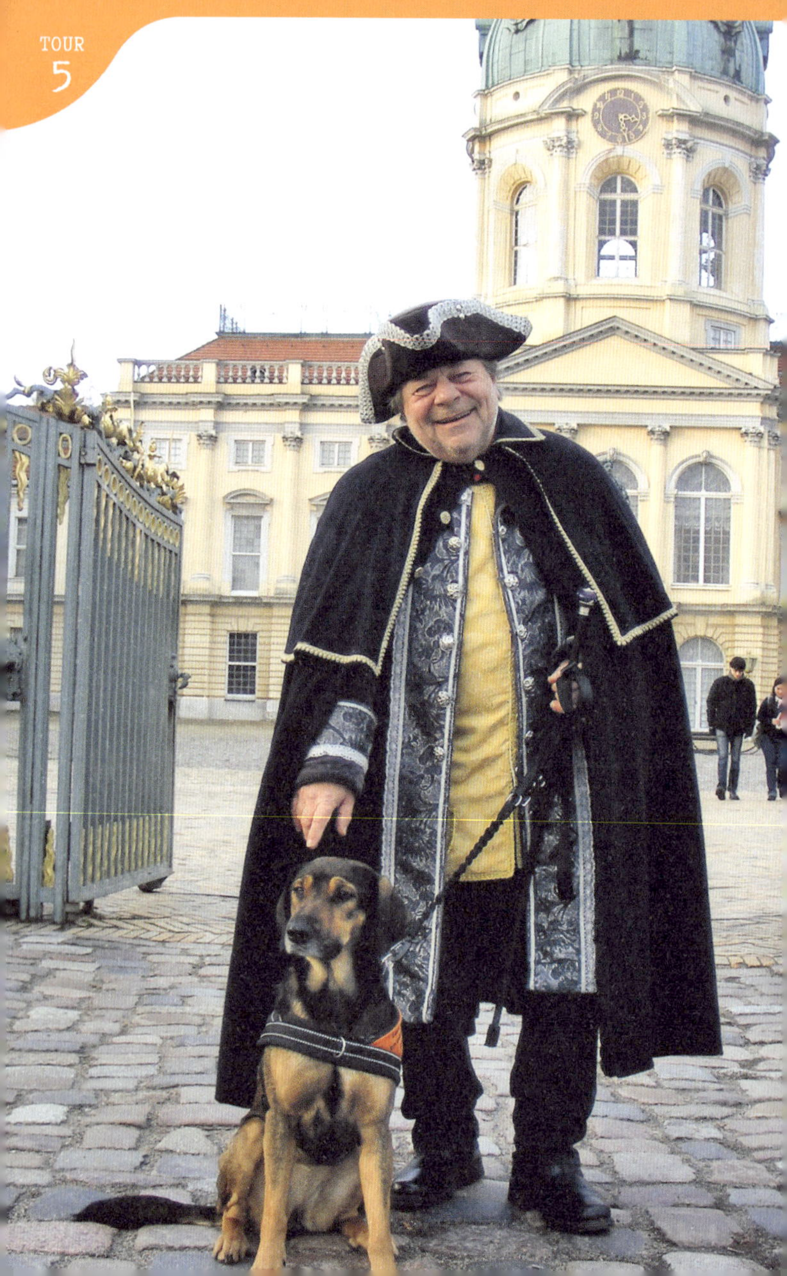

Royales Charlottenburg

Hundefreundlichkeit: **Hundefreundlichkeit ist hier groß. Die Straßen sind breit, die Menschen sind entspannt, die Grundstimmung ist sympathisch. Rund um den Lietzensee und im Schlosspark findet Ihre Fellpfote sicher jede Menge Artgenossen. Je weiter Sie in den Schlosspark vordringen, desto weniger angeleinte Vierbeiner werden Sie treffen. Auf der Schloßstraße stehen Kotbeutelspender.**

Tour-Info	↔ 5–10 km	ab 1,5 Std.
Kategorie:	Rundwanderung, mittel	
Start-Ziel:	Stuttgarter Platz / Ecke Windscheidstraße	
Strecke:	Stuttgarter Platz – Friedbergstraße – Kuno-Fischer-Straße – Lietzensee – Neue Kantstraße – Lietzensee – Witzlebenstraße -Kaiserdamm – Wundtstraße – Klausenerkiez – Schloss Charlottenburg – Schloßstraße – Bismarckstraße – Windscheidstraße	

Der Stuttgarter Platz, eigentlich eine Straße und von den Berlinern kurz Stutti genannt, präsentiert uns zwei unterschiedliche Gesichter. Während im westlichen Teil in den sanierten Altbauten Nobelrestaurants und Boutiquen untergebracht sind und der ein oder andere Promi hier zu Hause ist, sieht es in östlicher Richtung ganz anders aus. Hier dominieren Billigläden das Stadtbild und abends flattern die Bordsteinschwalben auf den Gehsteig. Unser Weg führt uns durch den westlichen Bereich.

Gehen Sie ein Stück den Stuttgarter Platz entlang, an der Windscheidstraße vorbei, rechts in die 1 Leonhardstraße und gleich wieder links in die Friedbergstraße. Im Sommer haben die Cafés hier oft Wassernäpfe für die Vierbeiner draußen stehen. Der Friedbergstraße folgen Sie eine Zeit und genießen diesen wunderschönen Bezirk mit seinen herrlichen Altbauten. Senken Sie Ihren Blick aber auch hin und wieder mal auf den Bürgersteig. Hier in der Friedbergstraße treffen Sie auf einige Stolpersteine.

Ein Blick rechts in die Suarezstraße

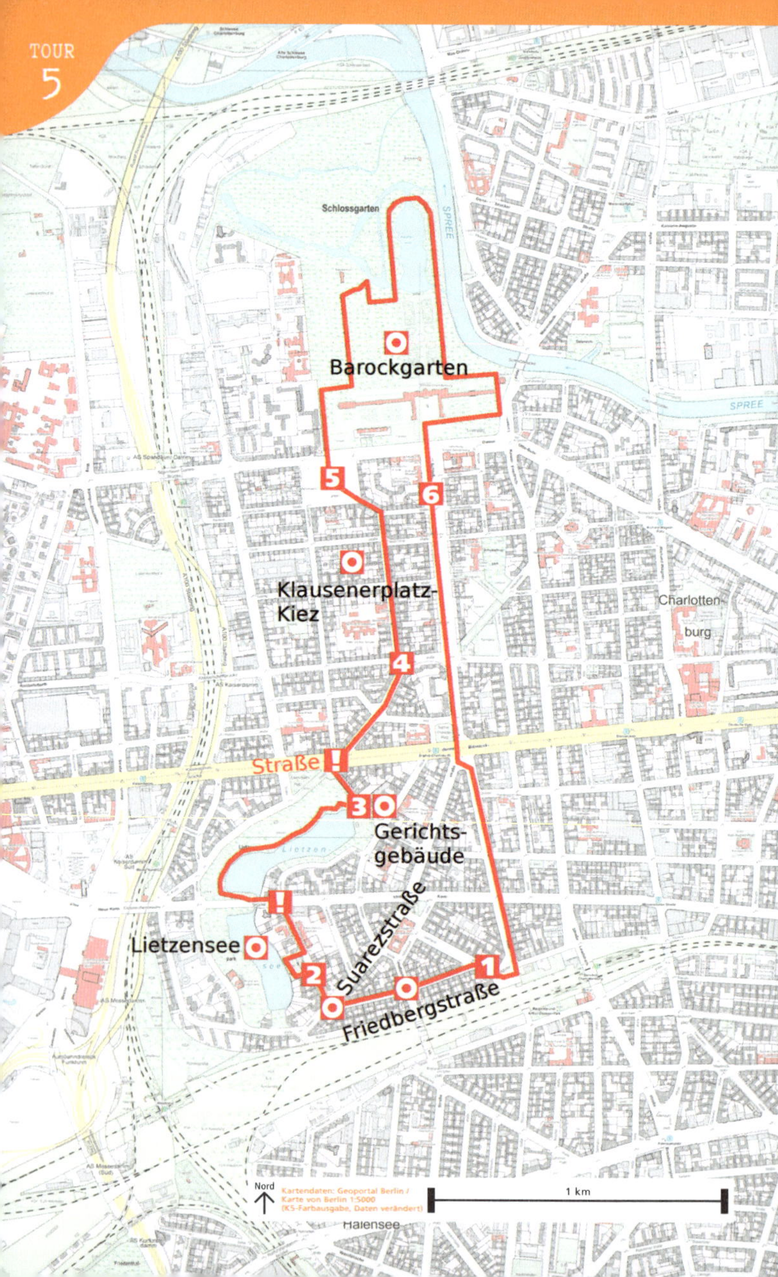
Schlossgarten
SPREE
Barockgarten
SPREE
5
6
Klausenerplatz-
Kiez
Charlotten-
burg
4
Straße
3
Gerichts-
gebäude
Suarezstraße
Lietzensee
2
1
Friedbergstraße
Nord
Kartendaten: Geoportal Berlin /
Karte von Berlin 1:5000
(K5-Farbausgabe, Daten verändert)
1 km
Halensee

Geschichtliches

Zwischen Zillestraße, Fritschestraße und Hebbelstraße befand sich das sogenannte Nasse Dreieck, eine sumpfige Rinne, die zunächst nicht überbrückt werden konnte. Zu den Grundbesitzern im Nassen Dreieck gehörte auch der Baulöwe Alfred Schrobsdorff, der ohne Rücksicht auf den schlechten Baugrund am Ende des Kaiserreichs zwischen 1900 und 1910 Mietshäuser bauen ließ. Bereits wenige Jahre nach dem Bau zeigten sich die ersten Risse. 1911 ging das erste Haus zu Bruch. 1928 musste das Haus Hebbelstraße 17 wegen Einsturzgefahr geräumt werden. Mitte der 1950er Jahre mussten einige vom Einsturz bedrohte Seitenflügel und Quergebäude abgerissen werden. 1965 schrieb der Tagesspiegel über die "die schiefen Häuser im Sumpf von Charlottenburg". Schließlich führte der Bau der U-Bahnlinie 7 und die damit verbundene Absenkung des Grundwassers 1972 zur Räumung und zum Abriss der noch existierenden Häuser auf dem nassen Dreieck. Im Sommer 1983 bauten die geräumten Hausbesetzer aus der Danckelmannstraße und Sophie-Charlotten-Straße hier eine Zeltstadt, die sie "Chaotenburg" nannten. Nach zwei Wochen verließen sie das nasse Dreieck freiwillig. 2003 schließlich wurde auch dieser Abschnitt mit einer Bitumendecke versehen – vor allem um die Lärmbelästigung für die Anwohner zu verringern. Auch der Fußgängerüberweg mit Zebrastreifen und die Mittelinsel und der Radfahrstreifen auf der Straße durchgehend bis zum Spandauer Damm wurden im Zuge dieser Baumaßnahme angelegt. Die gesamte Baumaßnahme kostete ungefähr 220.000 EUR.
Quelle: berlin.de

macht deutlich, warum diese auch die „Antikmeile Berlins" genannt wird. Ein Fachhändler für Altes reiht sich an den nächsten. Inzwischen weltweit bekannt ist nicht nur diese Straße, sondern auch das einmal jährlich stattfindende Straßenfest.

Überqueren Sie die Suarezstraße und folgen Sie ein kurzes Stück der **2** Kuno-Fischer Straße. Nach wenigen Metern suchen Sie sich links zwischen den Häusern den Weg zum Lietzensee, der Sie kurz vergessen lässt, dass Sie in einer Metropole unterwegs sind. Jogger und Rentner erfreuen sich gleichermaßen an diesem See. Und auch Hundebesitzer, die, obwohl verboten, ihrem Hund ein wenig Freilauf gönnen, treffen Sie hier. Entspannt geht es zu am Lietzensee, trotz der lebhaften Kantstraße, die diesen in zwei Hälften teilt.

Besagte **!** Neue Kantstraße wird von Ihnen überquert und weiter geht es – Lietzensee Teil 2. Umrunden Sie den See zu seiner Linken, dort ist mehr Platz. Am Ende gelangen Sie dann auf den **3** Witzlebenplatz und rechts herum auf die Witzlebenstraße. Im Sommer bietet sich hier eine kurze Rast im Bootshaus Stella an.

Witzlebenstraße und Witzlebenplatz wurden übrigens nach Wilhelm von Witzleben benannt. Geboren wurde der spätere Preußische Generalmajor und Kriegsminister 1783 in Halberstadt. Er starb 1837 in Berlin und ist Ehrenbürger dieser Stadt. 1827 kaufte er den Lietzensee und nutzte diesen als Sommersitz. Nach seinem Tod verkaufte die Familie den Besitz.

Am Witzlebenplatz wird Ihnen sicherlich das ehemalige Gerichtsgebäude ins Auge stechen. Zu Zeiten von

Hitler-Deutschland befand sich hinter diesen Mauern der höchste Gerichtshof der Wehrmachtsjustiz, das Reichskriegsgericht. Vielleicht haben Sie im Geschichtsunterricht mal etwas von der Widerstandgruppe "Rote Kapelle" gehört. Mehr als 50 ihrer Mitglieder wurden hier zum Tode verurteilt und in Plötzensee ermordet. Vom Witzlebenplatz biegen Sie links in die Witzlebenstraße ein und überqueren den ! ruhelosen Kaiserdamm. Der Kaiserdamm, benannt nach Kaiser Wilhelm II., hieß zwischen 1967 und 1968 Adenauerdamm. Aber der Protest der Berliner zu dem Namenstausch hörte nicht auf, so dass man diesen wieder rückgängig machte. Für Konrad Adenauer hat man dann auf dem Ku'damm den Adenauerplatz gefunden.

Schauen Sie auf dem Kaiserdamm rechts hinunter zum Ernst-Reuter-Platz und links hinauf zum Theodor-Heuss-Platz. Diese Straße hat doch wahrlich Ku'damm-Qualitäten.

Die zweiarmigen Straßenlaternen auf dem Damm sind übrigens von Albert Speer entworfen worden, Hitlers Lieblingsarchitekt. So sollte die Beleuchtung für die geplante Welthauptstadt Germania aussehen.

Auf der anderen Seite des Kaiserdamms flanieren Sie die Wundtstraße entlang auf den 4 Kläre-Bloch-Platz zu. Hier treffen Sie auf dörflichen Charme mitten in der Hauptstadt. Der Kläre-Bloch-Platz ehrt übrigens die erste TaxifahrerIN Berlins, die im Protest gegen die Nazis Juden in ihrer Wohnung versteckte. Die Gegend, durch die Sie nun spazieren, nennt sich Klausenerplatz-Kiez und entführt Sie in die Vergangenheit. Jüngere Erdenbürger werden Geschäfte vorfinden, von denen Oma und Opa gerne erzählen – aus guten, alten Zeiten. Den Schuster zum Beispiel, bei dem Handarbeit den Erfolg ausmacht. Selbst ein Discounter-Supermarkt passt sich fast harmonisch in diese dörfliche Gegend ein. Die Wundtstraße wird zur Nehringstraße und der Weg führt geradeaus weiter auf den Klausenerplatz zu. Dieser Teil Charlottenburgs wurde schon "Schlossviertel", "Roter Kiez" und "Kleiner Wedding" genannt. Geschichtlich bedingt waren die Bewohner einfache Arbeiter und Angestellte – erst Schlossbedienstete, dann Handwerker oder auch Beamte. Auf der anderen Seite der Schloßstraße hingegen war das Großbürgertum zu Hause. Ein soziales Ungleichgewicht – getrennt durch die Schloßstraße. Und das ist zum Teil noch heute so. Das Kiezbündnis Klausenerplatz e. V. kümmert sich energisch um die Interessen seiner Bewohner.

Am 5 Klausenerplatz angekommen, wird Ihr Blick sicher umgehend von dem imposanten Bau des traumhaft schönen Schloss Charlottenburg in den Bann gezogen. 300 Jahre Geschichte liegen Ihnen zu Füßen. Auch wenn Ihnen mit Hund der Eintritt in das Schloss verwehrt bleibt, gibt es im einzigartigen Barockgarten jede Menge zu entdecken. Hier lasse ich Sie mal kurz alleine. Den Schlossgarten

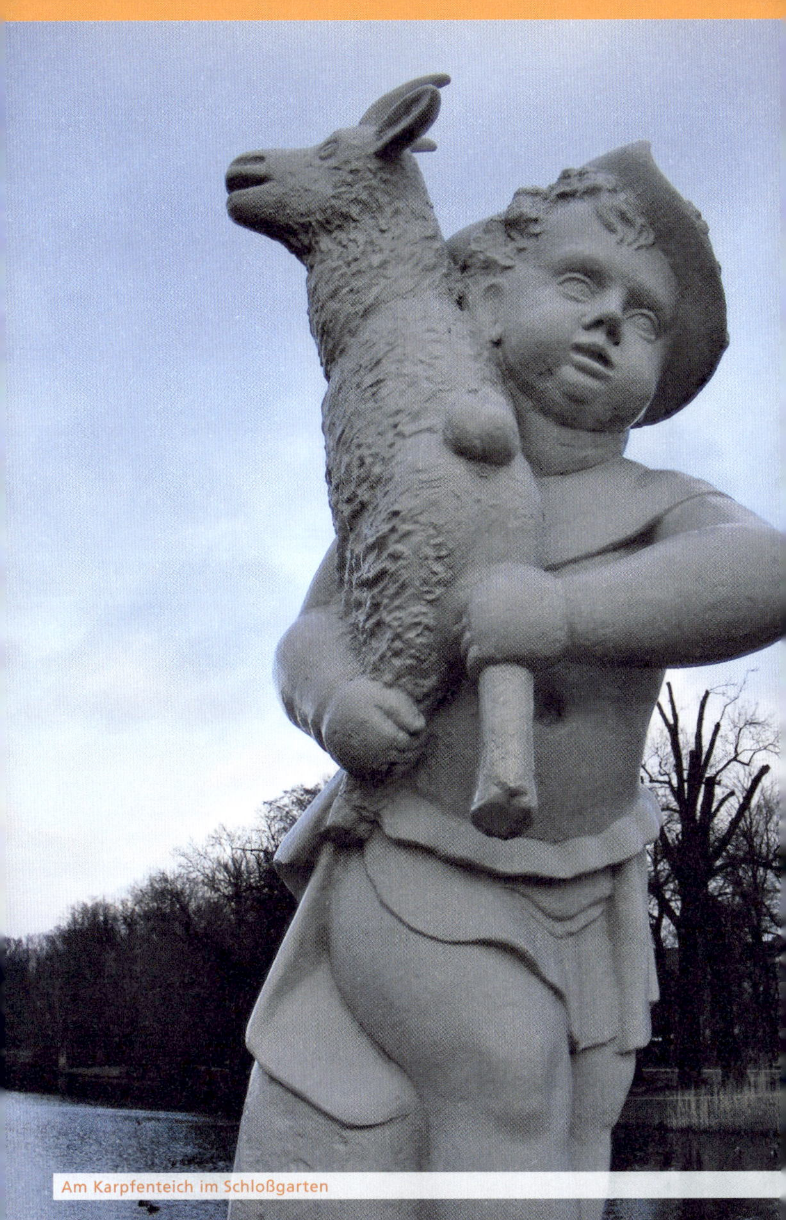

Am Karpfenteich im Schloßgarten

Das Stolperstein-Projekt

Stolpersteine sind kleine quadratische Messingplatten, die für Opfer der nationalsozialistischen Gewaltherrschaft – überwiegend jüdischer Herkunft – in den Gehweg vor dem Haus eingelassen werden, wo sie zuletzt aus freien Stücken lebten, arbeiteten oder lernten. Wer immer lesen möchte, was darauf geschrieben steht, muss sich ein wenig hinunter beugen, verbeugen vor dem Gedenkstein für einen Menschen, der kein Grab hat. Konzipiert und umgesetzt wird dieses ständig wachsende, Länder und Staaten übergreifende „Denkmal" des Kölner Künstlers Gunter Demnig. In Berlin wurden bisher über 5000 Stolpersteine verlegt – im Bezirk Charlottenburg-Wilmersdorf sind es über 2000. Initiatoren für die Verlegung von Stolpersteinen sind einzelne Bürgerinnen und Bürger oder Initiativen, die die Steine finanzieren und auch die Biographien der „vergessenen Nachbarn" recherchieren und aufschreiben.
Quelle: http://www.stolpersteine-friedbergstrasse-berlin.de/

sollte jeder auf eigene Faust entdecken und sich die Dinge rauspicken, die ihn interessieren. Gehen Sie nicht ganz so weit, wie Ihre Füße Sie tragen – Sie müssen ja auch wieder zurück.

Einige Highlights im Garten sind die Luiseninsel, der Karpfenteich und das Mausoleum, in dessen Gruft u. a. die Gebeine von Friedrich Wilhelm II. und Luise, sowie das Herz ihres Sohnes Friedrich Wilhelm IV. ruhen. Eine schöne Bank am Karpfenteich oder am Teehaus Belvedere ist auch genau der richtige Ort zur Rast im königlichen Ambiente.

Nach Ihrer wohlverdienten Pause biegen Sie um die Schlossecke und schon hat Sie die Großstadt wieder. Der Grünstreifen auf der 6 Schloßstrasse, ist wie für Sie geschaffen, um den Rückweg Richtung Stuttgarter Platz anzutreten. Als erstes passieren Sie die

Das Schloß von der Schloßstraße aus

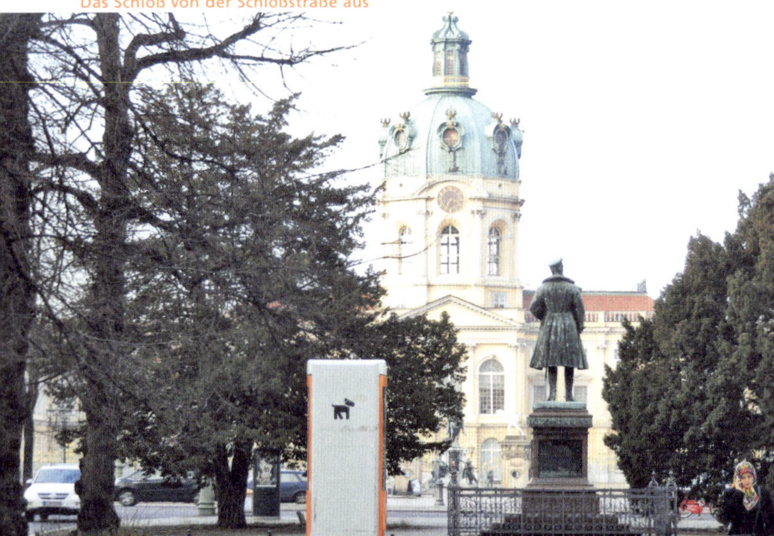

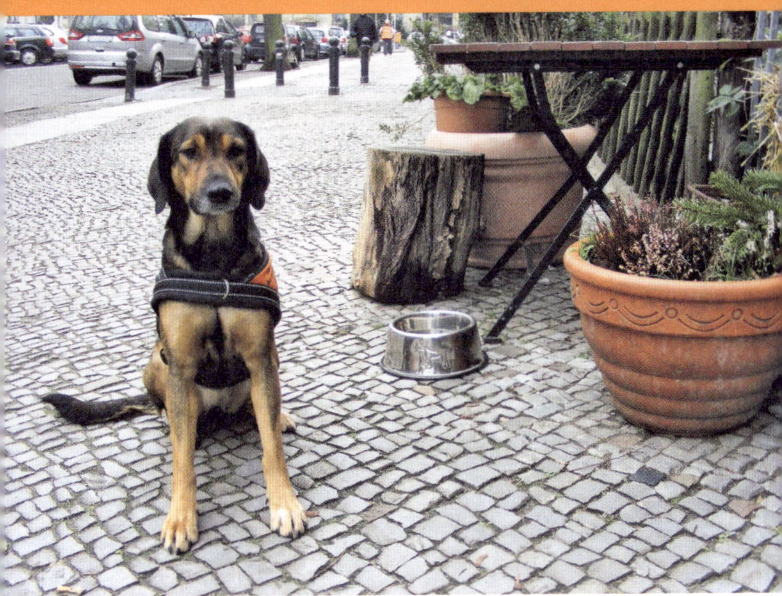

Hundefreundliches Charlottenburg

Stüler-Bauten, die beide als Museum genutzt werden. Die Schloßstraße ist sehr beliebt bei Boulespielern – vor allem im Sommer. Sollte Ihr Hund also hinter Bällen herjagen – aufgepasst. Das Gebiet links neben Ihnen zwischen Zille-, Hebbel- und Fritschestraße heißt übrigens Nasses Dreieck.

Am Nassen Dreieck vorbei überqueren Sie die ! Bismarckstraße und folgen der Windscheidstraße. Verkehrsberuhigte Zonen und Spielstraßen machen die Gegend attraktiv für einen Spaziergang mit Vierbeiner. Selbst Hunde, die noch nicht so sehr an den Großstadtverkehr gewöhnt sind, können hier entspannt laufen. Am Ende der Windscheidstraße kommen Sie wieder am Stutti an.

	Info
H	S5, S7, S 42, S45, S46, S47, S75 bis Charlottenburg
P	Stuttgarter Platz / Ecke Windscheidstraße, 10627 Berlin I schwierig, Parkhaus Kantstraße 110 oder 112, 10627 Berlin
	wann Sie möchten
€	Freßnapf Lützenstraße 7A, 10711 Berlin
	City Toilette Stutti, Ecke Lewishamstraße, City Toilette Klausener Platz, Schloss Charlottenburg (ohne Hund)
	Salumeria da Pino: ein belegtes Brötchen machen lassen, mitnehmen und im Schlosspark verspeisen, Windscheidstraße 20, 10627 Berlin
	Lietzensee, Schlosspark

Mächtiges Berlin

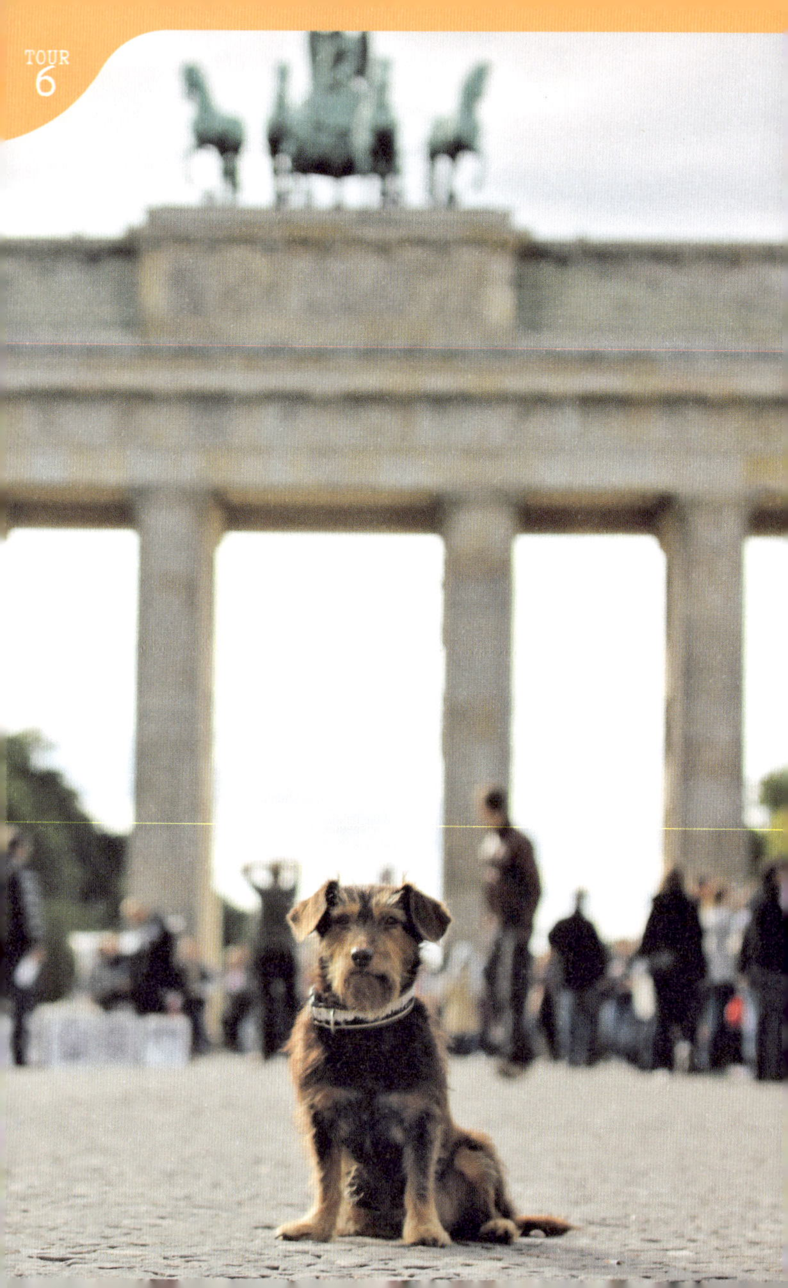

Von Macht bis Merkel

Die Mitte

Hundefreundlichkeit: Perfekt für einen ausgedehnten Gassigang, denn die Tour geht hauptsächlich durch den grünen Tiergarten.

Tour-Info

	↔	🕒
	7 km	2,5 Std.

Kategorie:	Rundwanderung, mittel
Start-Ziel:	Straße des 17. Juni, Höhe S-Bahnbrücke Tiergarten
Strecke:	Straße des 17. Juni – Großer Weg – Fasanerieallee – Großer Weg – Tiergartenstraße – Luiseninsel – Kulturforum – Lennéstraße – Ebertstraße – Platz der Republik – Willy-Brandt-Straße – Moltkebrücke – Magnus-Hirschfeld-Ufer – Bellevue –Spreeweg – Straße des 17. Juni

Ihr Startpunkt befindet sich gegenüber dem **1** Burger King auf der Straße des 17. Juni. Wenn Sie hier in den Tiergarten abtauchen, dann entdecken Sie rechts das Freiluftmuseum für Straßenlaternen. Liebhaber der Leuchter können sich das ja kurz anschauen. Der Weg führt dann links am Gewässer entlang.

Nach einigen Metern erscheint auf der rechten Seite am Neuen See eine Stele. Hier wurde Karl Liebknecht ermordet. Nach gebührender Beachtung geht es den Weg weiter entlang, immer geradeaus. Einige Pfade biegen links und rechts ab. Ignorieren Sie diese. Nachdem Sie die breite **2** Fasanerieallee überquert haben, sehen Sie rechts hinter den Bäumen verborgen die Spanische Botschaft. Weiter geht es, dem Verkehrslärm und damit der Hofjägerallee / Tiergartenstraße entgegen. An dieser Kreuzung sehen Sie rechts auf der anderen Straßenseite ein grünes Gebäude mit einer einfallsreichen Fensterkonstruktion. Das ist die Nordische Botschaft. Hier haben sich Finnland, Dänemark, Norwegen und Schweden zusammen getan. Manch ein Berliner nennt das Gebäude die IKEA-Box.

Auf der anderen Seite folgen Sie der **3** Tiergartenstraße und streifen entlang der Konrad-Adenauer-Stiftung (gegenüber der Nordischen Botschaft), der Botschaft des Königreiches Saudi Arabien und dem Canisius-College, das in der ehemaligen Villa der Familie Krupp untergebracht ist. Es folgen die Japanische und die Italienische

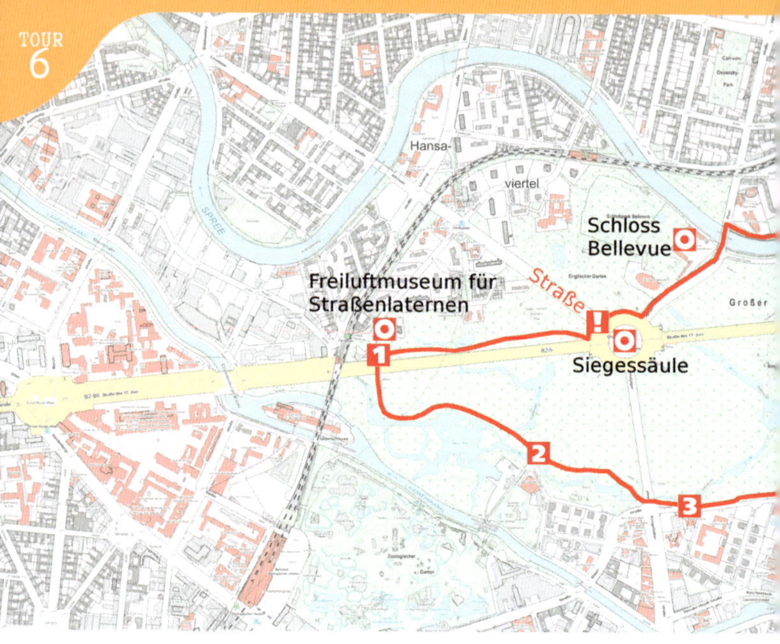

Botschaft, beide konstruiert von Albert Speer. Dass die Italienische Botschaft keinen Zaun gezogen hat, quittieren die Berliner mit der Aussage "Wer die Mafia hat, braucht keine Zäune mehr". Weiter geht es zur Vertretung der Türkei, Südafrikas und Indiens. Dahinter hat sich die Landesvertretung Baden-Württemberg ins Bild geschummelt, bevor an der Ecke zur Stauffenbergstraße bei Österreich die Weltreise zu Ende ist.

Hier biegen Sie nach links ab in den Tiergarten, um rechterhand die Luiseninsel zu besuchen. Diese ist umzäunt – Hunde sind erlaubt, Kaninchen nicht. Durchqueren Sie diesen wunderschönen Garten. Diesem Fleckchen Erde wird nachgesagt, dass Königin Luise hier gerne spazieren ging.

Kehren Sie hinter der Luiseninsel zurück zur Tiergartenstraße und nach wenigen Metern links entlang entdecken Sie auf der anderen Straßenseite das Kulturforum mit dem Kammermusiksaal und der Berliner Philharmonie. Sehr auffällige Gebäude. Auf dem Vorplatz befindet sich ein kürzlich fertiggestelltes Mahnmal der Opfer der Euthanasie im Zuge der von den Nazis angestoßenen Aktion "T4". Es geht immer weiter geradeaus über die Ben-Gurion-Straße. Auf der anderen Seite wird aus der Tiergartenstraße die Lennéstraße. Peter Joseph Lenné hat übrigens als preußischer

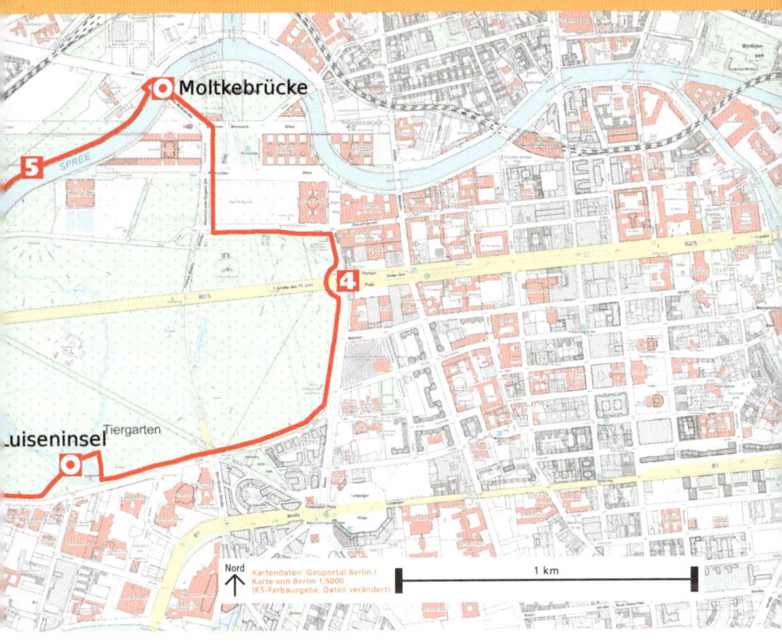

Gartenkünstler wesentlich am Tiergarten mitgewirkt. Was er wohl zum Potsdamer Platz sagen würde, der sich nun auf der rechten Seite breit macht? Wenn Sie Ihren Vierbeiner dem Trubel dort nicht aussetzen möchten, bleiben Sie auf der Tiergartenseite und gehen Sie unbeirrt geradeaus am Rande des Parks entlang. Nach einer leichten Linksbiege erkennen Sie auf der rechten Seite das Holocaust-Mahnmal im Gedenken an die Juden, die dem Nazi-Regime zum Opfer gefallen sind. Geradeaus lockt schon das 4 Brandenburger Tor und dort überqueren Sie die Straße des 17. Juni erneut, um nach wenigen Metern auf das nächste Highlight zu treffen – den Reichstag. Wenn Sie über den grünen Vorplatz laufen, den Platz der Republik, dann seien Sie sich bewusst, dass Ihre Füße über Erde laufen, die schon Unfassbares erlebt hat. Vieles mag man sich gar nicht ausmalen.

Geschichtliches

Einige Fakten zum Bundeskanzleramt
Vier Jahre Bauzeit
Willy-Brandt-Straße 1, 10557 Berlin, falls Sie der Kanzlerin eine Karte schreiben möchten (Kupfergraben 6, 10117 Berlin, falls es etwas Privates ist, das Sie schreiben möchten)
Nutzfläche: 25.347 qm
Acht Etagen
Siebte Etage: Kanzlerarbeitszimmer
Ca. 450 Mitarbeiter
13 Wintergärten
Baukosten: 465 Millionen D-Mark

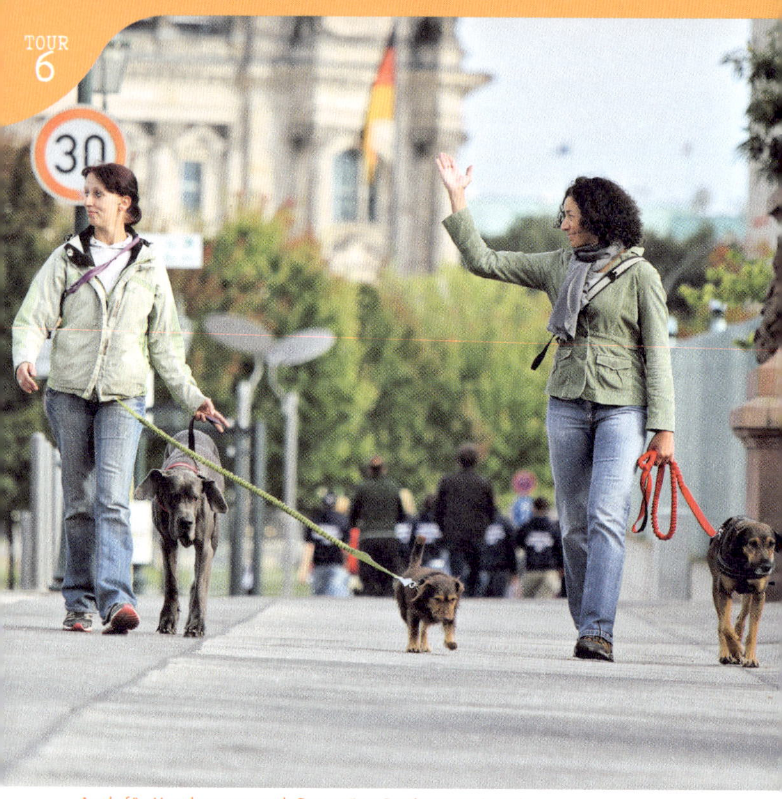

Auch für Hunde spannend: Das grüne Regierungsviertel

Hinter dem Reichstag überqueren Sie die ruhige Paul-Löbbe-Allee, laufen am gleichnamigen Gebäude entlang und blicken geradezu auf die älteste Botschaft Berlins – die Schweizerische Botschaft, ganz liebevoll "Der Erste-Hilfe-Kasten" genannt.

Zu Ihrer Linken türmt sich eines der größten Regierungsgebäude der Welt auf, das Bundeskanzleramt, auch Kohlosseum oder die Elefantenwaschmaschine genannt. Das himmelblaue Gebäude rechter Hand ist der sogenannten Pampers-Palast, die Bundestags-Kita.

Sie gehen hinter der Schweizer Botschaft über die wunderschöne und denkmalgeschützte Moltkebrücke und steigen links hinunter zur Spree, um Ihren Weg am Ufer fortzusetzen. Rechts neben Ihnen befindet sich das Restaurant Zollpackhof, bei dem man im Sommer im Biergarten auch mit Hund gut Rast machen kann.

Gehen Sie entlang der Spree, die Moltkebrücke im Rücken das 5

Magnus-Hirschfeld-Ufer entlang dem Schloss Bellevue entgegen. Auf der rechten Seite erstreckt sich ein roter Backsteinbau, die sogenannte Bundesschlange. Das Gebäude war für die Rheinländer vorgesehen, die mit der Regierung Ende der 90er von Bonn nach Berlin gespült wurden.

Am Ende des Uferweges tauchen Sie wieder auf, überqueren die Paulstraße und bewundern das Schloss Bellevue, Sitz des deutschen Bundespräsidenten. Das Weiße Haus Deutschlands. Weht der Bundesadler auf dem Dach des Schlosses? "Wenn der Lappen hängt, ist der Lump drin!" Will sagen, dann befindet sich unser Bundespräsident im Wirkungsfeld des Deutschen Grundgesetzes.

Ein Highlight jagt das nächste. Blicken Sie vom Bellevue nach links, dann sehen Sie schon das Gold der Siegessäule durch die Baumwipfel blinken. Folgen Sie der Verlockung und besuchen Sie die berühmteste Dame der Stadt – die Goldelse. Die Siegessäule mit der Göttin Viktoria wurde gebaut, als Preußen die Befreiungskriege gegen Dänemark, Österreich und Frankreich gewonnen hat. Die Herren, die wesentlich zu den Siegen beigetragen haben, stehen auch hier an diesem Platz auf der rechten Seite: Herr Moltke (seine Brücke kennen Sie ja bereits), Herr Bismarck und Herr Roon.

Die Siegessäule an sich wurde auf dem Kaiserplatz errichtet, heute der Platz der Republik. Hitler wollte sie

	Info
H	S5, S7, S75 bis Tiergarten,
P	Straße des 17. Juni, keine Parkraumbewirtschaftung
	umgehen Sie Großevents wie den Berlin Marathon, Fußball-WM und EM und Silvester
€	keine bekannt
	Burger King Straße des 17. Juni, Höhe S-Bahnbrücke Tiergarten, diverse, sehr gruselige Toilettenhäuser im Tiergarten, Pavillon am Reichstag, Scheidemannstraße 1, 10557 Berlin
	Zollpackhof, Elisabeth-Abbegg-Straße 1, 10557 Berlin www.zollpackhof.de; Teehaus, Altonaer Straße 2/2a, 10557 Berlin www.teehaus-tiergarten.de; Schleusenkrug, Müller-Breslau-Straße, 10623 Berlin www.schleusenkrug.de, Café am See, Liechtensteinallee 2, 10787 Berlin www.cafeamneuensee.de
	auf der ganzen Strecke

aber hier haben und so ist die Dame 1938/39 umgezogen und gewachsen. Statt aus drei besteht sie heute aus vier Trommeln.

Eine Viertelrunde um die Säule und das Überqueren der Altonaer Straße bringt Sie wieder auf die Straße des 17. Juni. Folgen Sie der Blickrichtung der Goldelse durch den Tiergarten und nach knapp einem Kilometer sind Sie wieder am Ausgangspunkt angekommen.

Berliner Underdogs

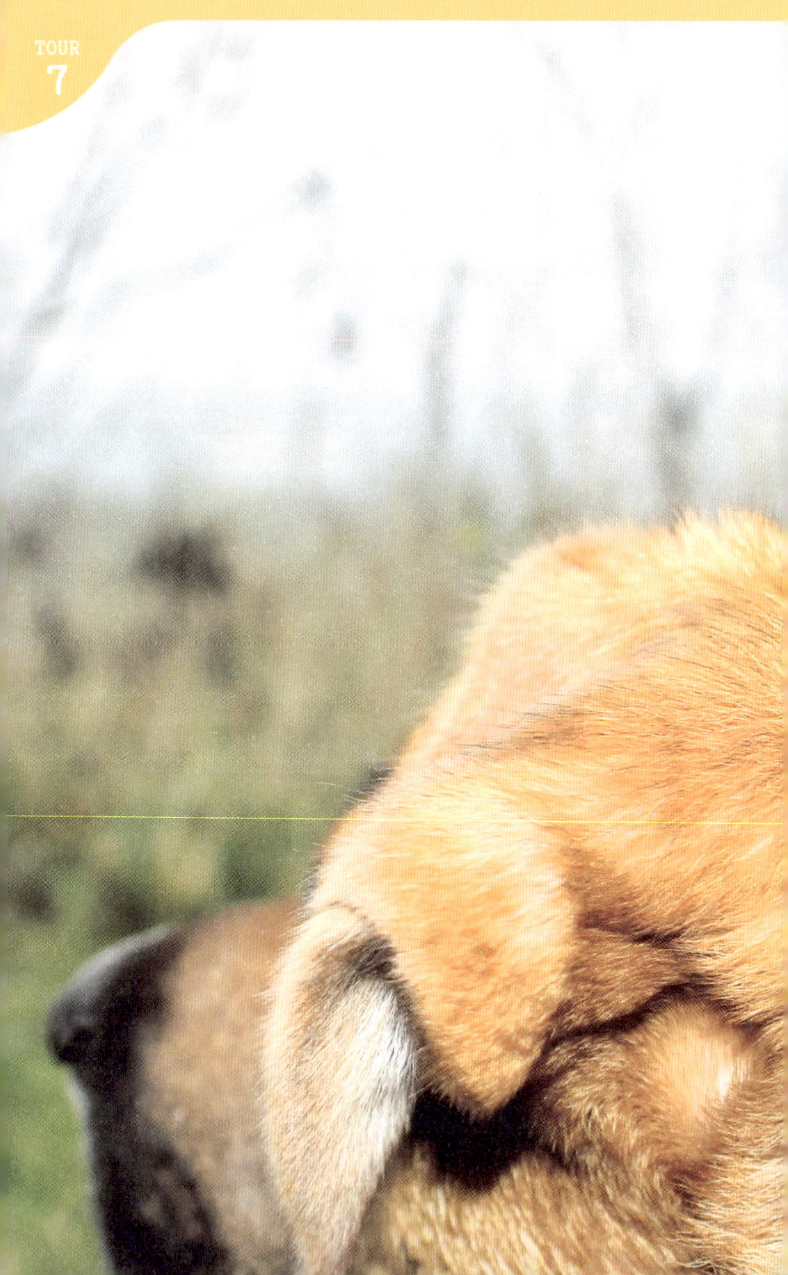

Grüner Osten

Hundefreundlichkeit: **hoch. Die Strecke ist sehr grün und bei Hund und Halter beliebt. Wasser gibt es auch genügend, sogar zum Planschen und Baden.**

Tour-Info	⟷ 7 km	2 Std.
Kategorie:	Rundwanderung, mittel	
Start-Ziel:	Altentreptower Straße 59, 12683 Berlin	
GPS:	47°27'20.4"N 10°45'33.5"E	
Strecke:	Altentreptower Straße – Karpfenteich – Cecilienstraße - Wuhlesee – Kienberg und zurück	

Lassen Sie mich einmal aus dem Nähkästchen plaudern. Als ich 2008 nach Berlin kam und auf Wohnungssuche war, habe ich mich eines Abends verfahren und bin in Marzahn gelandet. Geprägt von Vorurteilen habe ich – Inhaberin von dunklen Locken und sonnengebräunter Haut – aus Furcht meine Autotüren verriegelt und zugesehen, dass ich schnell wieder in vermeintlich „sicherere" Fahrwasser kam. Heute erscheint mir mein Verhalten recht albern und engstirnig. Aber so ist das, wenn man aus einer kleinen Großstadt in eine große Großstadt kommt. Dennoch hat es bald sechs Jahre gedauert, bis ich Marzahn eine weitere Chance gegeben habe. Und ich bin begeistert. Vielleicht kann ich sie ja anstecken.

Von Ihrem Startpunkt aus, liegt Ihnen schon das Grün zu Füßen. Geben Sie der Verlockung nach, und laufen Sie mitten hinein. Ein gut befestigter Wanderweg führt Sie zwischen Bäumen rechterhand und einer großen Rasenfläche linkerhand durch die Natur, wobei Sie die 1 Altentreptower Straße im Rücken haben. Sie befinden sich hier auf dem Wanderweg durch das Wuhletal.

Nach einigen hundert Metern geht zu Ihrer Rechten ein kleiner Pfad ab. Folgen Sie diesem und Sie gelangen zu dem kleinen Karpfenteich, an dem die Vierbeiner im Sommer sich die Füße kühlen und ein paar Schlücke Wasser trinken können.

Am Karpfenteich folgen Sie dem Pfad, der Sie hierher gebraucht hat auf der anderen Seite auch wieder zurück auf den Wanderweg. Weiter geht es immer geradeaus durch die Natur. Hätten

TOUR 7

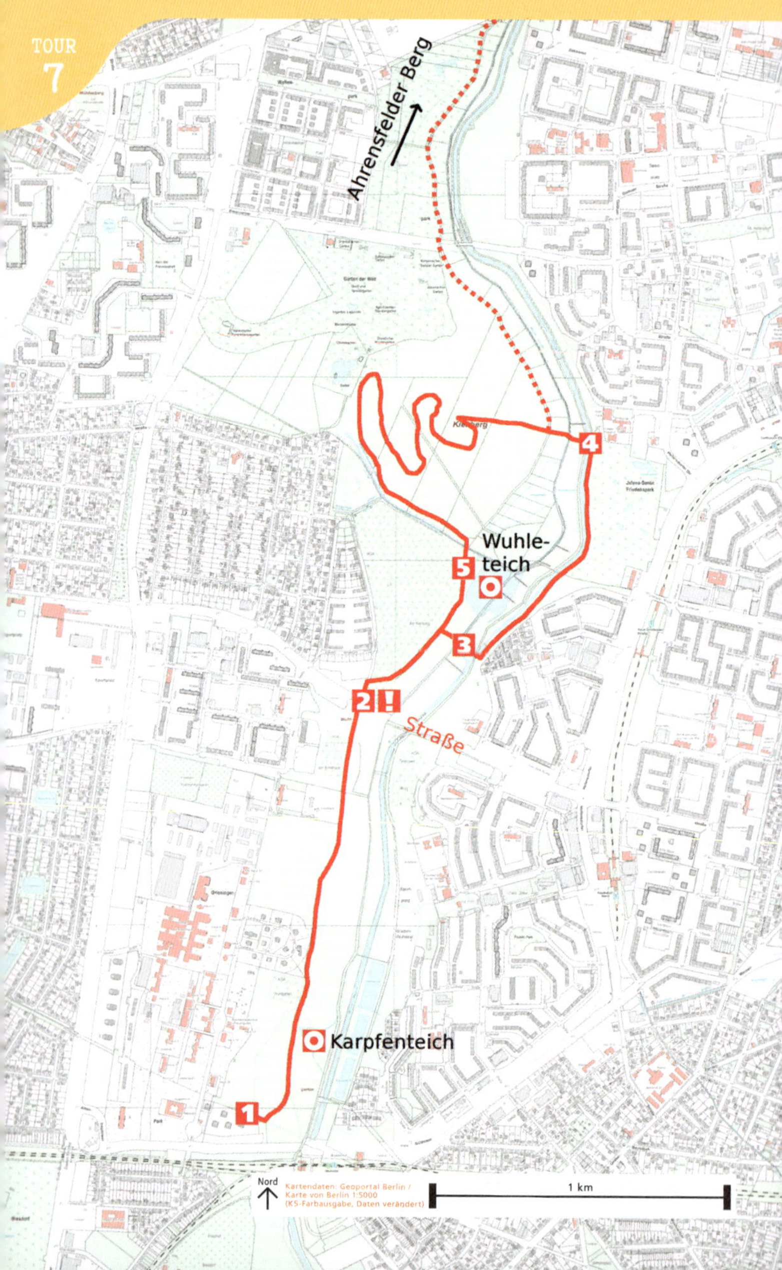

Ahrensfelder Berg
Wuhle-
teich
Straße
Karpfenteich
1
2
!
3
4
5
Nord
Kartendaten: Geoportal Berlin /
Karte von Berlin 1:5000
(K5-Farbausgabe, Daten verändert)
1 km

Sie so viel Grün in Marzahn erwartet? Irgendwann gelangen Sie auf die ! breite 2 Cecilienstraße. Diese überqueren Sie bitte. Auf der anderen Straßenseite gibt es zwei Möglichkeiten, wieder im Grün abzutauchen. Wählen Sie die ein Stück links.

Sie treffen auf der anderen Straßenseite auf eine Kleingartenanlage, an der Sie rechterhand vorbeiziehen.

Obacht – Nach ungefähr 300 Meter geht ein Trampelpfad rechts ab zum 3 Rückhaltebecken der Wuhle. Laufen Sie diesen Trampelpfad entlang, überqueren Sie den kleinen Flusslauf und folgen Sie dann wieder der ursprünglichen Richtung Norden. Hier sind Sie jetzt von dem Hauptwanderweg runter auf einem ruhigeren Pfad rechts der Wuhle und auch rechts dem Wuhleteich, der sich in Kürze vor Ihrem Auge ausbreitet. Im Hintergrund reckt sich der Kienberg in die Höhe.

Auf Ihrer rechten Seite sehen Sie immer wieder die graffittiverzierten Fernwärmerohre des alten Ostens.

Geschichtliches

Neun Jahre lang, von 1936 bis 1945, existierte in der Nähe der S-Bahnstation Raoul-Wallenberg-Straße ein nationalsozialistisches Zwangslager für Sinti und Roma. Offiziell hieß es Berlin-Marzahn Rastplatz, inoffiziell Zigeunerrastplatz. Kontrolle, Zwangsarbeit, Deportation. Dass die Wohnverhältnisse elendig waren, muss hier nicht extra erwähnt werden. Was Schönes als Kontrast: der alte Dorfkern von Marzahn inklusive Bockwindmühle ist noch gut erhalten. Auch etwas, was man hier nicht erwartet.

Laufen Sie diesen Weg so weit, bis Sie an eine 4 Brücke kommen. Diese sollten Sie nach links überqueren. Das funktioniert allerdings nur, wenn die Schwäne, die sich hier gerne füttern lassen, nicht da sind. Die mögen keine Hunde.

Nach der Brücke geht es immer weiter geradeaus und dem Kienberg entgegen. Die Holztreppen, die den Berg hinauf führen, sind recht gut in das Landschaftsbild eingepflanzt. Sie müssen genau hinschauen, um Sie nicht zu verpassen. Der Berg ist 102,2 Meter hoch – für Berliner Verhältnisse geradezu alpin. Wie so viele andere Berge auch, ist dieser durch Bau- und Trümmerschutt angewachsen. Alte Bezeichnungen lauteten Marzahner Kippe, Müllkippe oder auch Hellersdorfer Berg.

Da hier im Jahre 2017 die Internationale Gartenausstellung stattfinden wird, ist der Kienberg immer mal wieder gesperrt Allerdings finden die Marzahner auch immer wieder Wege, die Sperre zu umgehen.

Wenn Sie den Gipfel erklommen haben, nutzen Sie für den Abstieg den Weg, der hinter den Parkbänken vom Berg hinunter führt. Dieser schlängelt sich zwar immer abwärts, aber mal vor, mal zurück. Wenn Sie nicht oben waren, dann umrunden Sie den Berg einfach so.

Zurück zum Kienberg. Wenn sich beim Abstieg die Frage des Abbiegens stellt und das kommt einmal ziemlich weit unten vor, dann gehen Sie nach links.

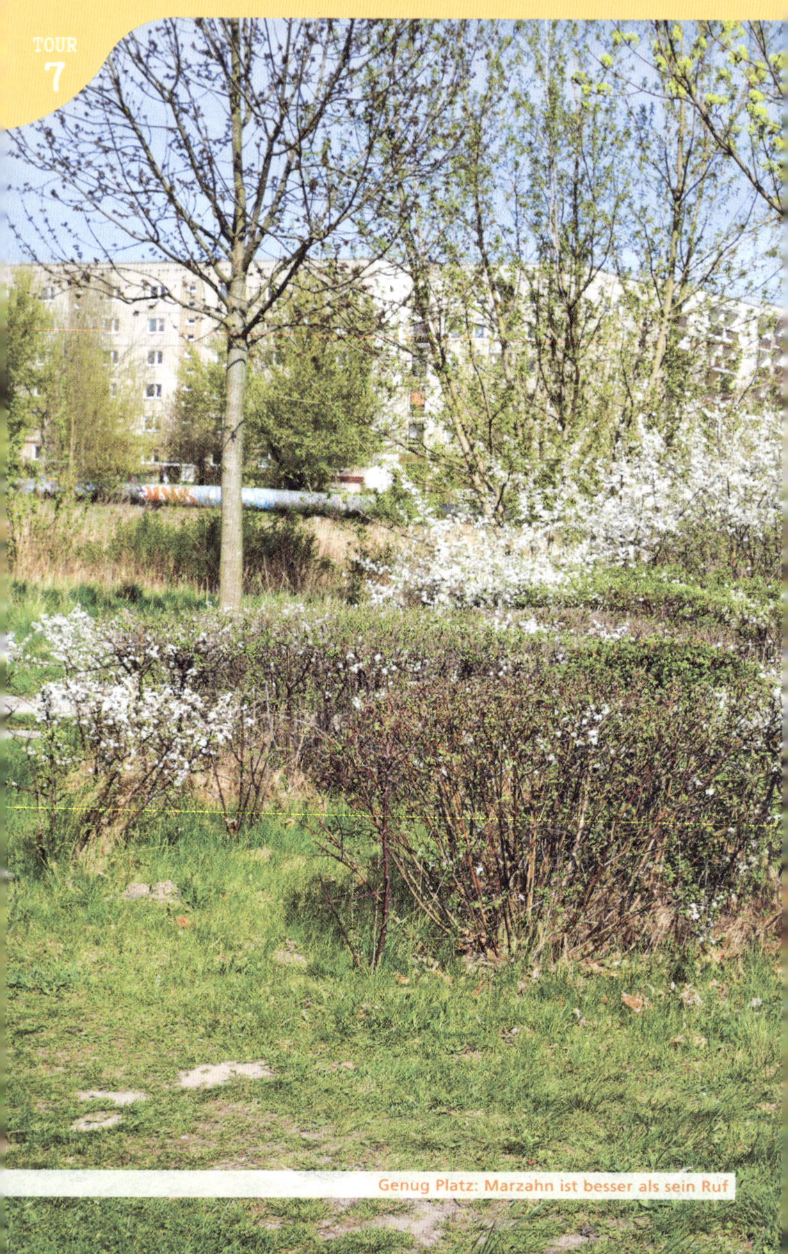

Genug Platz: Marzahn ist besser als sein Ruf

Sie kommen dann an der Kleingartenanlage Am Kienberg an und halten sich immer links von ihr. Zu Ihrer Linken erscheint dann auch wieder der Wuhleteich und Sie folgen dem Weg zwischen 5 Wuhleteich und Kleingartenanlage. So kommen Sie zurück auf die Cecilienstraße.

Ab hier ist der Rückweg der gleiche wie der Hinweg. Mit einem Unterschied. Ich lasse auf den letzten Metern meine Hunde immer auf dieser riesengroßen Freifläche laufen, die ca. 50 Meter vor der Altentreptower Straße auf der rechten Seite liegt und weitestgehend eingezäunt ist. Herrlich!

Ausreißer

Wenn Sie unbedingt einen Berg besteigen möchten und noch in Wanderlaune sind, dann gehen Sie am Kienberg vorbei, über die Eisenacher Straße, immer an der Wuhle entlang. Dann überqueren Sie die Landsberger Allee und laufen direkt auf den Ahrensfelder Berg zu. Viel Spaß beim Aufstieg.

Info

H	S5, U5 bis Wuhletal
P	Altentreptower Straße, 12683 Berlin
Uhr	jederzeit, an sonnigen Wochenenden wird es voller.
€	Freßnapf, Quedlinburger Straße 27, 12627 Berlin, Freßnapf Oberweißbacher Straße 9, 12687 Berlin
WC	CityToilette S-Bahnhof Wuhletal
Essen	mit kniehohen Hunden dürfen Sie noch hier rein: Zur S-Bahn, Heinrich-Grüber-Straße 1, 12621 Berlin; Proviant für unterwegs gibt es hier: Café Schnatterstasche, Warener Straße 1, 12683 Berlin
Wasser	Wuhle, Karpfenteich, Wuhleteich

Verzierte Platte: Kunst auf dem Dach

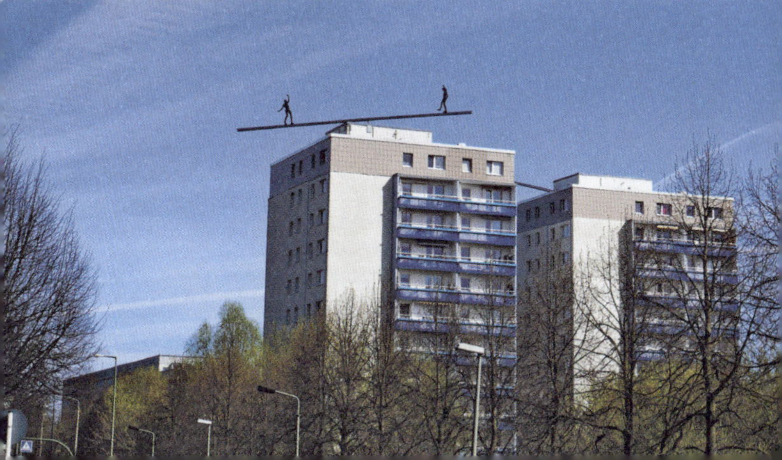

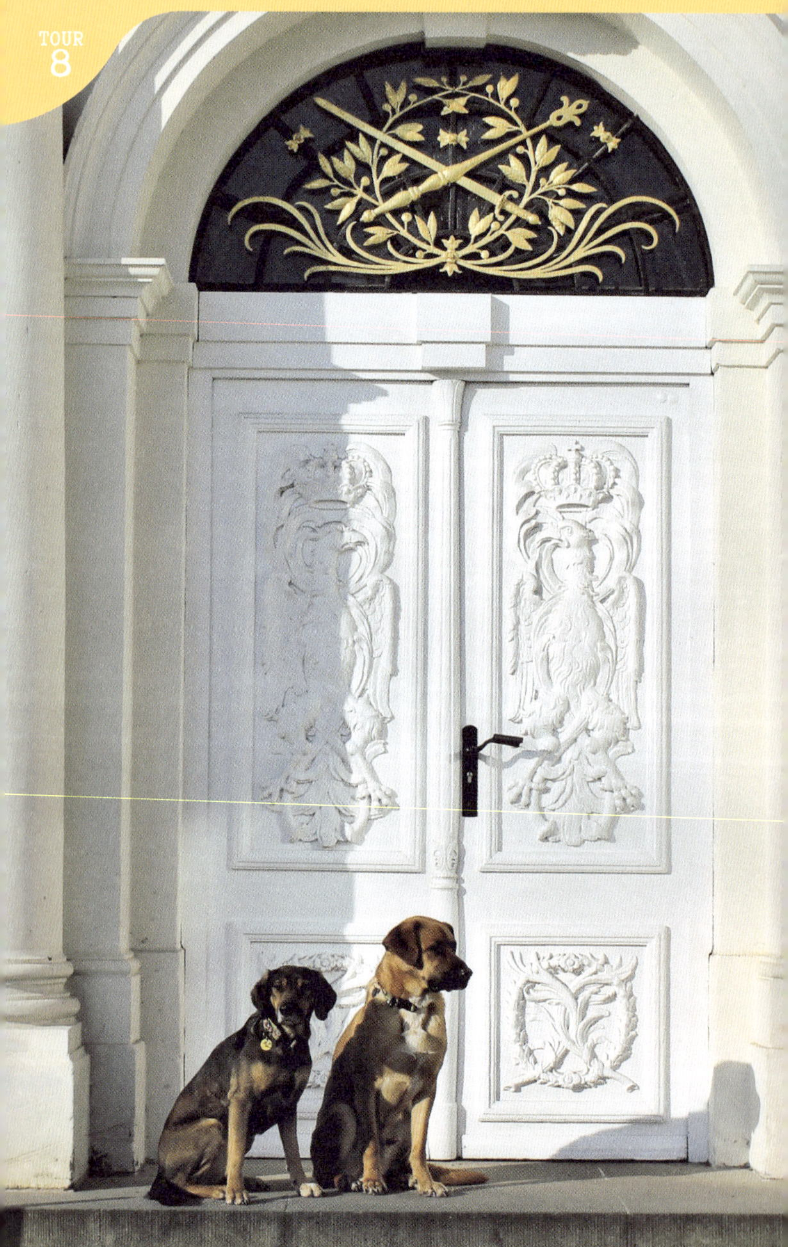

Wie ein Tag Urlaub

Ki- Ka- Köpenick

Hundefreundlichkeit: sehr gut. Köpenick ist beschaulich und scheint die Ruhe weg zu haben. Selbst wenn in der Altstadt die Straßen etwas enger sind, so wird hier geschlendert und nicht gehetzt. Dazu Parks und Wasser. Perfekt.

Tour-Info	↔ 5 km	1,5 Std.
Kategorie:	Rundwanderung, leicht	
Start-Ziel:	Schloß Köpenick, Alt Köpenick1, 12557 Berlin	
Strecke:	Schloß und Schloßgarten – Kietz – Gartenstraße Kietzer Straße – Jägerstraße – Alter Markt – Katzengraben – Uferweg - Alt Köpenick – Freiheit – Kirchstraße – Rosenstraße – Böttcherstraße – Alt Köpenick – Uferpromenade – Müggelheimer Straße – Gutenbergstraße	

Köpenick hat einen etwas angestaubten Ruf. Im südöstlichen Teil Berlins gelegen, kommt hier kein Mensch zufällig vorbei. Nach Köpenick kommt der Besucher bewusst. Ach, welch Überraschung hält doch dieses kleine Örtchen für den Besucher bereit? Hier, wo die Spree von der Dahme geküsst wird, fühlen sich Herrchen und Frauchen wie in ein Urlaubsparadies gebeamt. Wasser, Wasser und nochmals Wasser. Dazu kleine Gassen, Kopfsteinpflaster, entzückende Cafés, ein malerischer Markt, ein Schloss und nochmal Wasser. Köpenick – datt haste richtich jut jemacht.

Starten wir diese Sightseeingrunde royal mit einem Blick auf das **1** Barockschloss von Köpenick. Über eine kleine Holzbrücke gelangen Sie auf die Schlossinsel. Schlossherr war einst Kurfürst Joachim II. von Brandenburg. Die ganze Schlossgeschichte niederzuschreiben, würde den Rahmen sprengen. Daher hüpfen wir schnell über Erweiterungen, Umbauten und Kriegszerstörungen hinweg und blicken zur Rechten auf das 2004 wieder eröffnete Schloss, das nun als Museum genutzt wird.

Ein Spaziergang durch den Schlossgarten ist ein Muß. Nach einem ausgiebigen Rundgang geht es zurück über die Schlossbrücke, allerdings nicht bis ganz auf die Müggelheimer Straße. Kurz hinter der Brücke

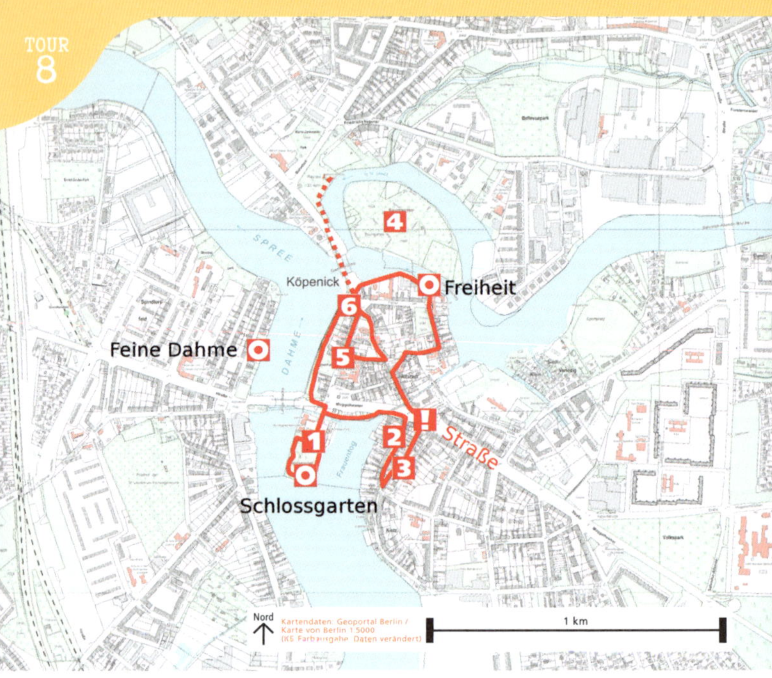

führt ein kleiner Pfad rechts an der Dahme entlang. Folgen Sie diesem Weg und dann sehen Sie nach wenigen Metern das Denkmal für „Mutter Lustig".

Henriette Lustig, geboren 1808 in Köpenick, war eine deutsche Wäscherin. Und während wir uns heutzutage Sorgen um die Vereinbarkeit von Familie und Karriere machen, hat Henriette neben ihrem Vollzeitjob 17 Kinder zur Welt gebracht. Sie gründete 1835 in Köpenick die erste Wäscherei. Der Berliner Kundenkreis wuchs so rasant, dass die Wäsche anfangs sogar mit Hundewagen transportiert wurde. Später ist man auf Pferde umgestiegen.

Weiter geradeaus überqueren Sie die Dahme und biegen erneut rechts ab in eine Gasse mit dem Namen **2** Kietz. Hier sollten Sie genügend Platz auf der Speicherkarte Ihrer Kamera haben. Solch eine malerische Gasse mit dieser rührenden Bebauung vermutet man vielleicht irgendwo in Bayern, im dörflichen Rheinland oder auch im hohen Norden – aber ganz sicher nicht in Berlin.

Kietz ist, wie bereits erwähnt, eine ehemals slawische Fischersiedlung, die jahrelang eigenständig war. Und aus dieser Zeit stehen hier noch einige zart restaurierte Häuser. Es lohnt sich, hier den Schritt zu verlangsamen und neugierig zu sein.

Ein paar Hundert Meter in den Kietz hinein, kurz hinter dem Tierarzt, zweigt die 3 Gartenstraße links ab. Sie bringt Sie zurück auf die Müggelheimer Straße.

Suchen Sie sich einen Weg über die ! belebte Müggelheimer Straße auf die andere Straßenseite. Dort erwartet Sie schon die schöne Brücke über den Kietzer Graben. Immer geradeaus geht es der malerischen Köpenicker Altstadt entgegen. Alt und neu mischt sich hier nicht nur als Straßenbelag. Ein dreidimensionaler Blick ist hier ein Muß.

Wenn die Jägerstraße rechts abbiegt, folgen Sie ihr und stoßen auf den ebenfalls rechts abzweigenden Weg Alter Markt. Auch diesem folgen Sie

Geschichtliches

„Daß ein ganzes Gemeinwesen mit allen seinen öffentlichen Funktionen, ja daß eine Abteilung Soldaten selbst auf so überwältigend komische und dabei doch völlig gelungene Art von einem einzigen Menschen düpiert wurde, das hat in unserem Lande der unbegrenzten Uniform-Ehrfurcht ein militärisches Gewand getan, mit dem sich ein altes, krummbeiniges Individuum notdürftig behängt hatte." Berliner Morgenpost, 17. Oktober 1906. Friedrich Wihelm Voigt hieß der Schlingel, dem der Gaunerstreich gelang, über den ganz Deutschland lachte. Eine zusammengesammelte Uniform, eine Truppe befehlsgewohnter Gardesoldaten und den nötigen Mumm in den Knochen genügten, um ins Rathaus einzumarschieren, den Bürgermeister zu verhaften und die Kasse zu stehlen. Vier Jahre Gefängnis und Berühmtheit über den Tod hinaus waren sein Lohn.

und wundern sich schon bald über die roten Backsteinhäuser zu Ihrer Rechten und noch mehr über das Schild am Wasser, das Ihnen verspricht, dass Sie nach 648 km in München sein werden. Die Schilder nehmen Bezug auf die heutige Nutzung der ehemaligen Waschhäuser. Hier dürfen Sie sich in Restaurant und Biergarten mit bayerischen Gaumenfreuden verwöhnen lassen und können sich den weiten Weg nach Bavaria sparen.

Früher waren die Freuden hier eher geringer gesät. Circa 2000 Mitarbeiter, meist Frauen, wuschen, mangelten und färbten hier im Akkord die Berliner Dreckwäsche spreerein. Zu Ehren dieser Waschfrauen nennt sich diese süddeutsche Genussstätte auch heute noch „Zum Waschhaus Alt-Köpenick"

Ein kleiner Bootsanleger wird hier „saisonal" betrieben und ein Bötchen ist auch geeignet, um mit dem maritimen Vierbeiner Richtung Müggelspree zu schippern.

Wenn Sie lieber zu Fuß weiterlaufen, dann machen Sie das mit einer Drehung nach links. Zurück im Katzengraben laufen Sie diesen bis ans Ende. Hier geht der Weg zwischen Feuerwehr und dem Hotel Kubrat weiter Richtung Wasser. Lassen Sie sich nicht abschrecken – der Weg sieht nicht öffentlich aus, ist es aber. Links hinter dem Hotel geht es durch ein kleines Tor und dann sind Sie auf der Freiheit, einem Weg, der am Wasser entlang führt und zwar gegenüber der 4 Baumgarteninsel. Auf der Baumgarteninsel bringen Kleingärtner ihren grünen Daumen wunderbar zum Einsatz. Diese Insel ist nur mit dem Boot zu erreichen.

Wenn Sie aus der Freiheit wieder auftauchen und Richtung Straße gehen, treffen Sie auf Alt-Köpenick und biegen hier nach links.

Sie verlassen die Straße Alt-Köpenick schon gleich wieder und biegen linker Hand in die Kirchstraße ein. Vorbei an der Kirche, schmucken Geschäften und dem einladenden Café „Milchkaffee" spazieren Sie rechts die Rosenstraße entlang. Ein Schild über der Tür der Gardestube in der Nr. 3 macht klar, dass es sich um die Stammkneipe der heutigen Hauptmanngarde Köpenicks handelt und ein Schild über dem Tresen macht klar: Latte ham' wa nich.

Der Rosenstraße folgend kommen Sie direkt auf das 5 Rathaus zu. An den Stufen des Rathauses wartet er bereits auf Sie in Bronze gegossen und unbeweglich: Wilhelm Voigt alias Der Hauptmann von Köpenick.

Nach einem Fotostopp geht es nun nochmal die Straße Alt-Köpenick entlang, das heißt also rechts runter. Und blicken Sie hier ruhig auch mal auf den Boden. Dann werden Sie die Stolpersteine entdecken, zum Beispiel vor Hausnummer 18 oder 34.

Am Ende von 6 Alt-Köpenick geht es für Sie links ab Richtung Wasser und parallel zu Alt-Köpenick wieder zurück, immer an der Dahme entlang mit wunderbaren Ausblicken u. a. auf den Kirchturm der Kirchengemeinde St. Joseph.

Spätestens hier am breiten Ufer der Dahme, während die Möwen über

Ausreißer

Wenn Sie die Freiheit nach rechts verlassen, kommen Sie auf die Straße Alt Köpenick und überqueren die Spree. Rechterhand haben Sie einen schönen Blick auf die Baumgarteninsel, die nur per Boot zu erreichen ist. Hinter der Insel erstreckt sich eine Grünanlage. Sie entdecken diese ziemlich zeitgleich mit dem Denkmal, das hier errichtet wurde. Dieses Mahnmal ist den Opfern der „Köpenicker Blutwoche" gewidmet, die von der faschistischen SA im Juni 1933 ermordet wurden. Diese von Walter Sutkowski 1969 geschaffene Stele zeigt symbolisch die zur Faust geballte Hand eines Widerstandskämpfers, Symbol für die Kraft des Widerstandes, der letztlich über Terror und Unmenschlichkeit triumphiert.

Der VIP-Faktor

Auch Köpenick kann mit einer Reihe von prominenten Bewohnern bzw. Ex-Bewohnern aufwarten. Der Sänger Tim Bendzko wuchs hier auf. Rainer Dellmuth, Oppositioneller der SED-Diktatur und Buchautor wurde in Köpenick geboren, ebenso wie GZSZ-Darsteller Jörn Schlönvoigt. Aber auch einer der schlimmsten Serienmörder der deutschen Kriminalgeschichte erblickte hier das Licht der Welt: Bruno Lüdke. Aber keine Bange, er verstarb 1944 in Wien

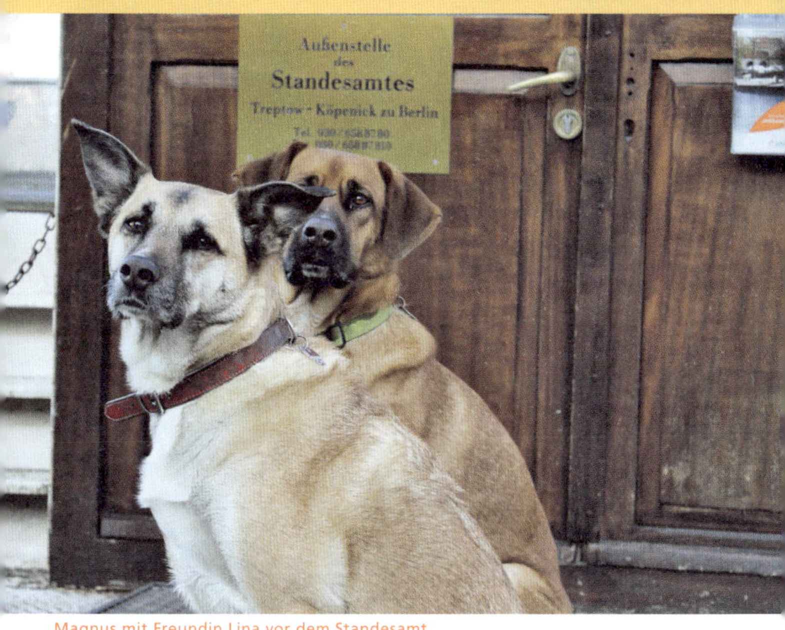

Magnus mit Freundin Lina vor dem Standesamt

Ihnen kreischen und Schiffe und Kähne das Wasser durchpflügen, kommt Urlaubsgefühl auf. Wie ein Tag am Meer.

Zu Ihrer Linken reihen sich Cafés und Restaurants aneinander und buhlen um den besten Blick aufs Wasser.

Wenn Sie nun auch Lust auf Rast bekommen haben, empfehle ich Ihnen die Feine Dahme in der Gutenbergstraße auf der anderen Flußseite. Im Garten haben Sie einen spektakulären Blick auf Köpenick, aufs Wasser und auf alles, was sich dort tummelt.

	Info
H	S47 bis Spindlersfeld, 27, 60, 61, 62, 67, 68, 164, 165, bis Schloßplatz Köpenick
P	Parkplatz Altstadt, Kirchstraße 8, 12555 Berlin; Parkplatz Schüßlerplatz, 12555 Berlin
	bei Sonnenschein
€	Hundewelt & Co, Alt Köpenick 4,
	ohne Hund im Schlossmuseum und im Rathaus
	Feine Dahme, Gutenbergstraße 7, 12557 Berlin ww.feinedahme.de, Restauration Zur Gardestube, Rosenstraße 3, 12555 Berlin www.gardestube.de
	überall

Berlin in Grün

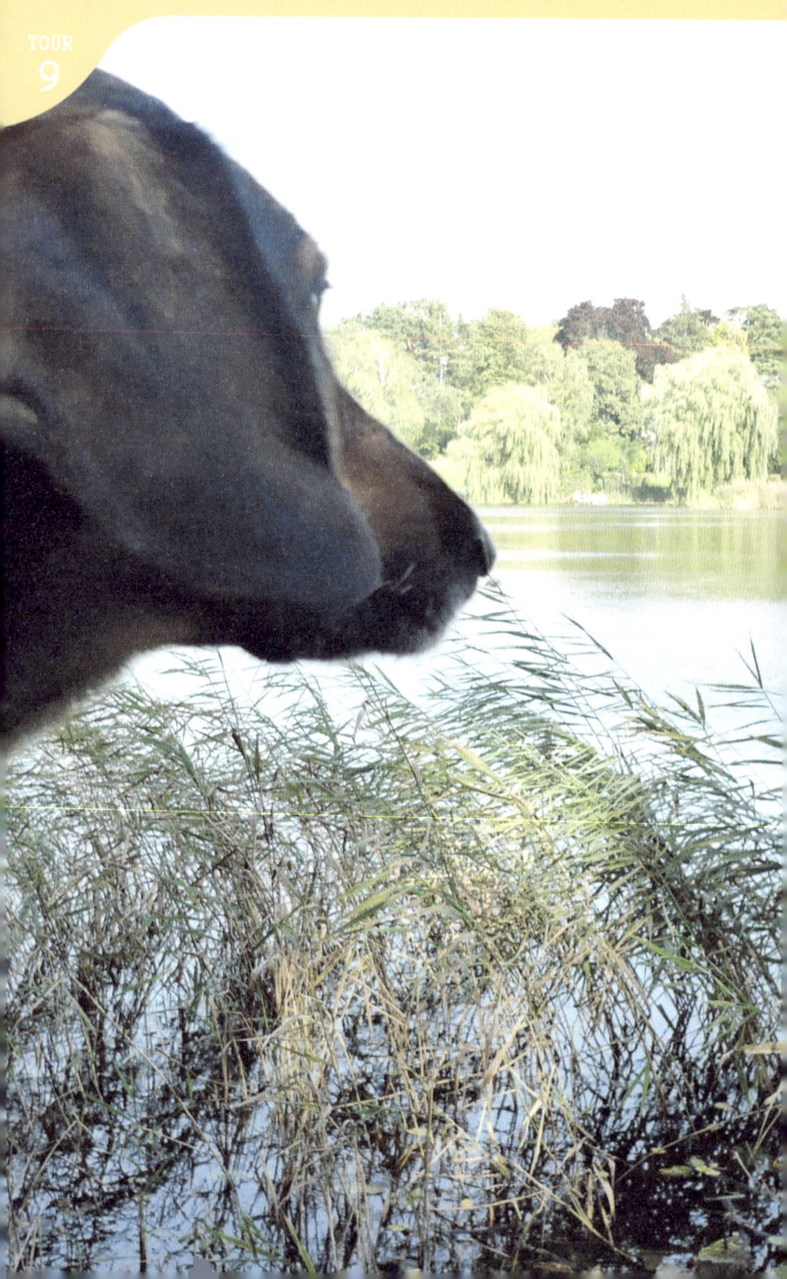

5-Seen-Wanderung

Grunewald mal anders

Hundefreundlichkeit: eine höhere Hundefreundlichkeit geht kaum, denn bei dieser Wanderung laufen wir durch das größte Hundeauslaufgebiet Deutschlands.

Tour-Info	↔ 12,4 km	4,5 Std.
Kategorie:	Rundwanderung, schwer	
Start-Ziel:	Hundekehle, 14193 Berlin, Nähe Königsallee 80	
Strecke:	Hundekehle – Parallelweg Königsallee – Waldweg parallel AVUS – Fischerhüttenweg – Schlachtensee – Krumme Lanke – Riemeisterfenn - Langes Luch – Grunewaldee - Königsallee	

Kaum ein Hundehalter in der Hauptstadt, der den Grunewaldsee nicht kennt, den Hot Spot unter den Auslaufgebieten. Aber mit einer Wanderung fünf Seen abgrasen, das macht Herrchen oder Frauchen doch sicher eher selten.

Wir starten circa mittig am See Hundekehle und laufen in den Wald hinein, immer parallel zur S-Bahntrasse und Königsallee. Nach einigen Kilometern gelangen wir auf den 1 ! Hüttenweg, den wir überqueren. Danach geht es wieder schnurgeradeaus durch den Wald. Irgendwann überqueren wir einen befestigten Weg, der links zum Schlachtensee führt, den 2 Fischerhüttenweg. Diesen überqueren wir allerdings nur und laufen weiter geradeaus durch den Wald. Am dritten Abzweig biegen wir dann auch nach links ab zum 3 Schlachtensee. Ab Mai 2015 soll der Uferweg von Schlachtensee, Krumme Lanke und Riemeisterfenn für Hunde verboten werden. Bei Drucklegung war das Gesetz noch nicht verabschiedet, bzw. gab es noch offene Klagen dagegen. Sollte es aber so sein, dass das Laufen mit Hund auf dem Uferweg verboten ist, haben wir die Möglichkeit, oberhalb des Ufers durch den Wald zu laufen und dennoch den Blick auf das Wasser zu genießen. Am Schlachtensee angekommen treten wir dann also den Rückweg an und laufen am Ufer oder oberhalb zurück. Wir überqueren erneut den Fischerhüttenweg, der den Schlachtensee von der Krummen Lanke trennt und weiter geht es am See entlang. Hinter der Krummen Lanke schließt sich eine

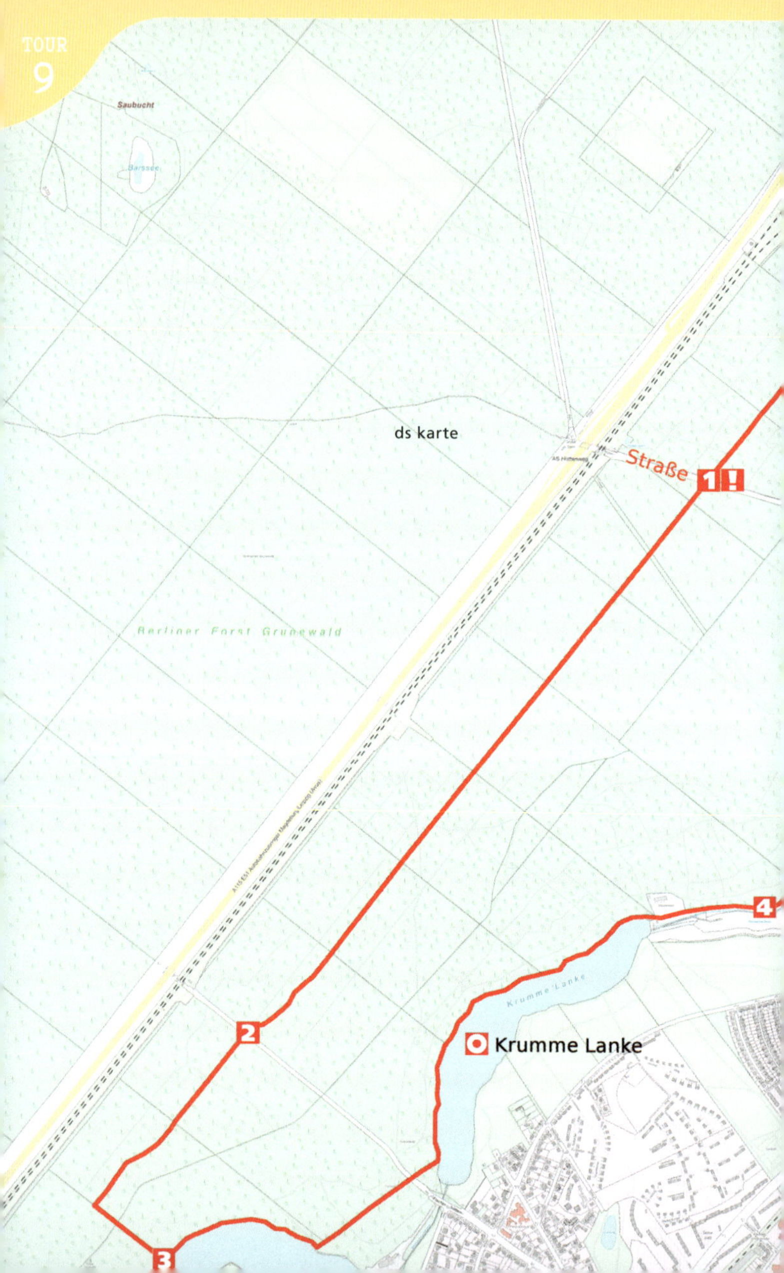
Saubucht
Barssee
ds karte
Straße
1
2
3
4
Berliner Forst Grunewald
Krumme Lanke
Krumme Lanke

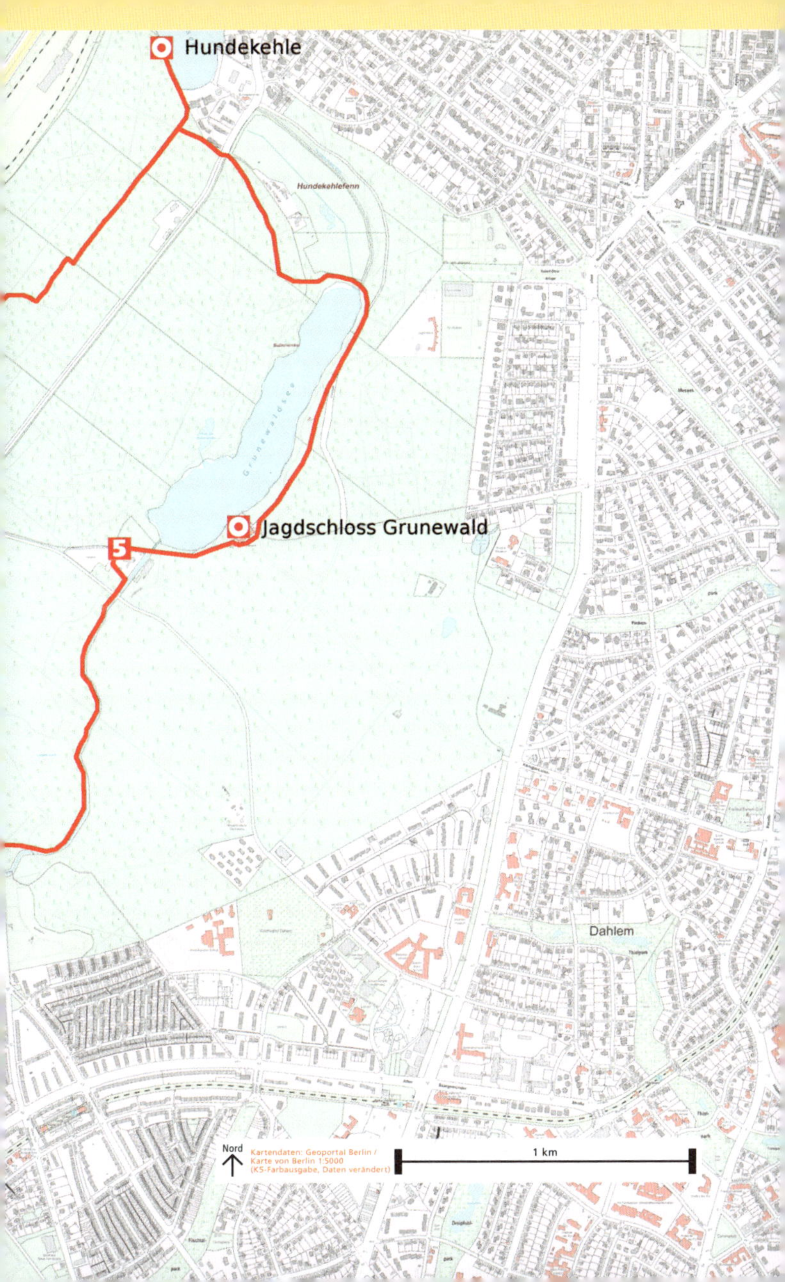

Hundekehle
Hundekehlefenn
Jagdschloss Grunewald
5
Dahlem
Nord
Kartendaten: Geoportal Berlin /
Karte von Berlin 1:5000
(K5-Farbausgabe, Daten verändert)
1 km

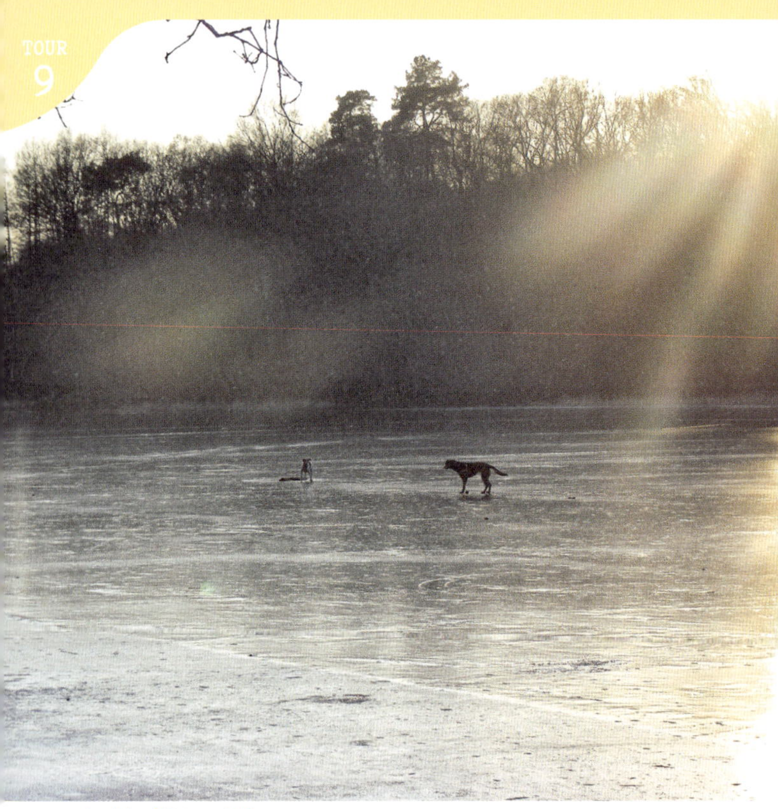

Auch im Winter ein Traum

Hintergrundinformation

2015 wurde der Grunewald zum Waldgebiet des Jahres gewählt. Die Berliner und Berlinbesucher sind große Grunewaldfans. Oft stoßen die Interessen des einen an die des anderen, wenn es beispielsweise um Mountainbiker und Hundehalter geht. Aber auch Hundehalter untereinander sind sich nicht immer grün, Wald hin oder her. Aber besonders hier, wo Hinz auf Kunz und Fiffi auf Bello trifft, sollten Respekt und Freundlichkeit mit auf Gassitour gehen.

Geschichtliches

Das Jagdschloss Grunewald kennt alle preußischen Herrscher, denn hier frönten sie ihrer Jagdleidenschaft. So auch Kurfürst Joachim II, dessen Mätresse Anna Sydow hier lebte. Nach seinem Tod wurde sie von seinem Sohn in den Kerker auf der Zitadelle Spandau gebracht, wo sie starb. Es heißt, sie spukt im Schloss als Weiße Frau.

Urlich Schmücker starb auf der anderen Seite des Waldes an der Krummen Lanke. Der Prozess um den Tod dieses V-Mannes war der längste Strafprozess der BRD.

Moorlandschaft an – das 4 Riemeisterfenn. Dem folgen wir, bis wir auf die Onkel-Tom-Straße plumpsen. Diese überqueren wir und weiter geht es am Fenngraben entlang. Im herbstlichen Nebel ist diese moorige Gegend wirklich aufregend. Am Hüttenweg angelangt, sehen wir schon das 5 Gasthaus Paulsborn. Wir laufen darauf zu und nehmen Kurs auf das Jagdschloss, das sich nur wenige Meter von Paulsborn entfernt befindet. Wer hier nicht mehr ganz um den Grunewaldsee laufen möchte, der biegt nicht nach rechts ab, sondern läuft hinter dem Parkplatz hinauf in den Wald. Am Ende des Wege geht es dann entweder noch einmal rechts zum See hinunter oder links zurück zur Königsallee und zur Hundekehle.

Wer die große Runde um den Grunewaldsee laufen möchte, der kommt an zwei großen Badestellen vorbei, bevor ein Bohlenweg am Ende des Sees links abbiegt. Am Ende des Bohlensteges geht es dann die Treppe hinauf und danach rechts entlang Richtung Königsallee zurück.

	Info
H	S7 bis Grunewald
P	Königsallee 80 ff, 14193 Berlin
⏲	jederzeit
€	Verkaufsstände Gasthaus Paulsborn am Grunewaldsee, Hüttenweg 90, 14193 Berlin ; Boupet: Boutique und Grooming, Ruhlaer Straße 15 – 16, 14199 Berlin www.boupet.capstor.com; Pets Deli am Roseneck, Teplitzer Straße 38, 14193 Berlin www.petsdeli.de
WC	Toilettenhäuschen Schlachtensee & Grunewaldsee
🍴	Die Fischerhütte am Schlachtensee, Fischerhüttenstraße 36, 14163 Berlin www.fischerhuette-berlin.de, Imbißwagen Parkplatz Fischerhüttenweg, 14193 Berlin, Chalet Suisse, Clayallee 199, 14195 Berlin www.chalet-suisse.de
💧	jawoll ja!

Moosige und moorige Stellen gibt es unzählige im Grunewald

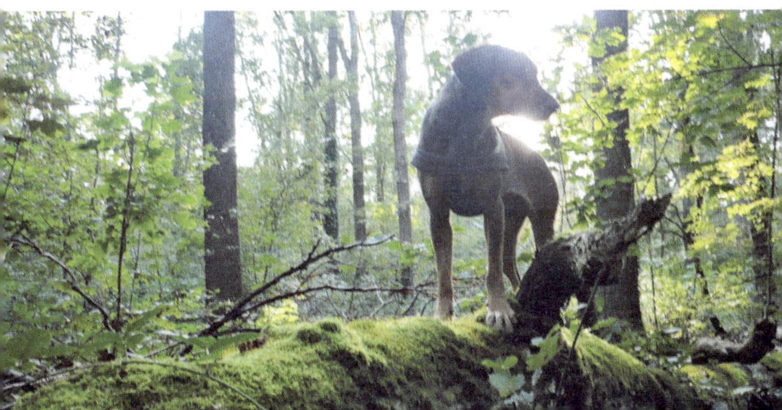

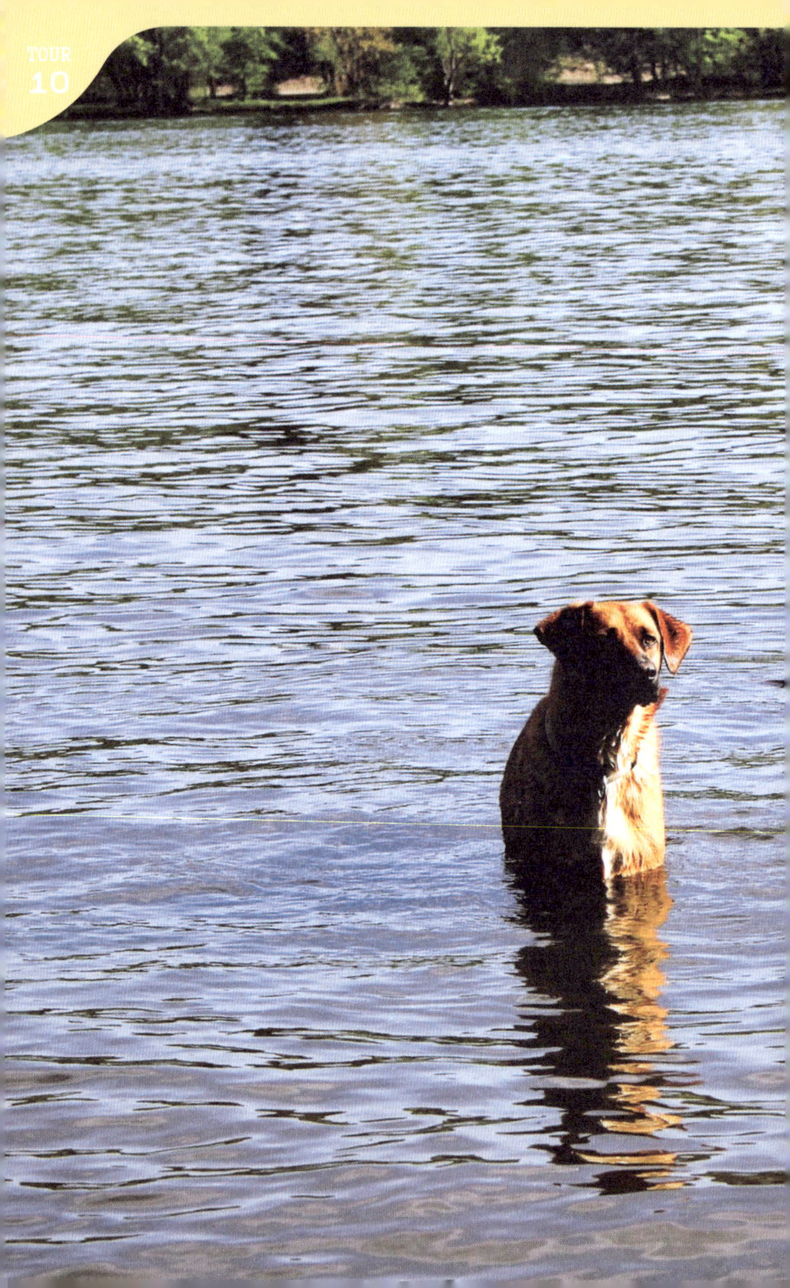

Griebnitzsee

Hundefreundlichkeit: **Hier gehen viele Hundehalter sehr entspannt mit ihren Vierbeinern spazieren. Und auf Menschen ohne Hund wird Rücksicht genommen. So einfach ist das.**

Tour-Info	↔ 6 km	2 Std.
Kategorie:	Rundwanderung, mittel	
Start-Ziel:	Ende Stölpchenweg, 14109 Berlin	
Strecke:	Uferweg – Griebnitzstraße – Wannseestraße – Atomkraftwerk - Roedenbecksteig - Golfplatz	

Die Strecke ist denkbar einfach. Zunächst halten wir uns am 1 Ufer des Griebnitzsees. Auf der anderen Seeseite reihen sich Villen aneinander wie die Perlen an einer Kette. Wunderschön. Ein Fernglas ist hier keine schlechte Idee. Wie es sich in so einem Haus wohl lebt? Am Ende des Uferweges gelangen wir in eine kleine, traumhaft schöne Siedlung, die ein bisschen was von Alpen hat. Wir laufen an den ersten Häusern vorbei und biegen dann rechts ab in die 2 Wannseestraße. Diese führt uns in einem Rechtsbogen automatisch wieder in den Wald hinein. Hier laufen wir nun auf dem 3 Roedenbecksteig immer geradeaus bis zum 4 Golfplatz. Dabei kommen wir an einem Zaun vorbei, der einen Ort markiert, von dem die Anwohner lieber nichts hören und sehen. Und schon gar nichts Unangenehmes, denn hinter dem Zaun verbirgt sich der Berliner Experimentier-Reaktor, ein Forschungsreaktor, der seit 1973 genutzt wird. Betreiber ist das Helmholtz-Zentrum Berlin für Materialien und Energie. Viel Diskussion gab es darum schon. 2019 soll der Reaktor stillgelegt werden. Zurück zum Weg. Wir bleiben nun immer rechts vom Golfplatz und kommen direkt am oberen Parkplatz wieder raus.

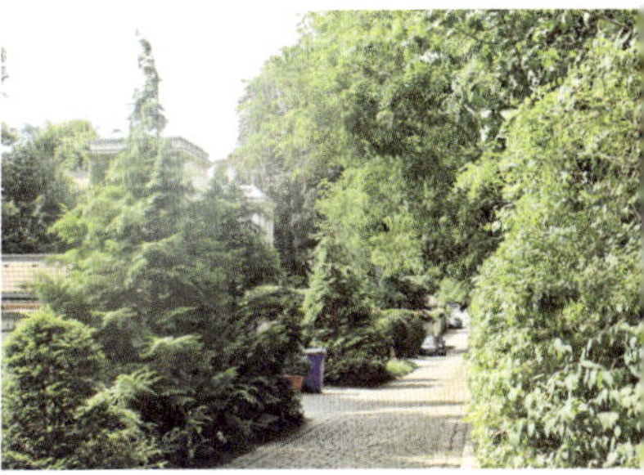

Ein bisschen wie in Bayern

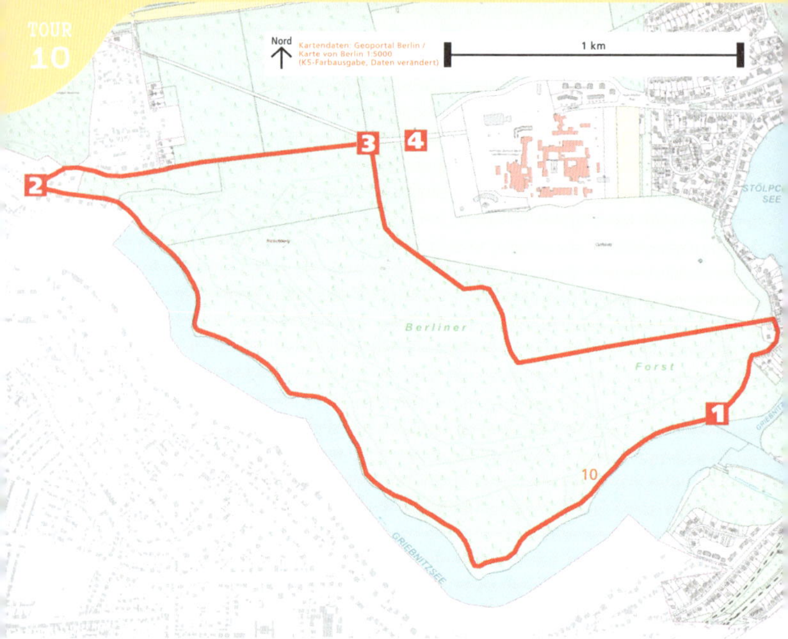

Nord

Kartendaten: Geoportal Berlin / Karte von Berlin 1:5000 (K5-Farbausgabe, Daten verändert)

1 km

3

4

2

STÖLPC SEE

Berliner

Forst

1

10

GRIEBNITZSEE

Müde nach der Wanderung

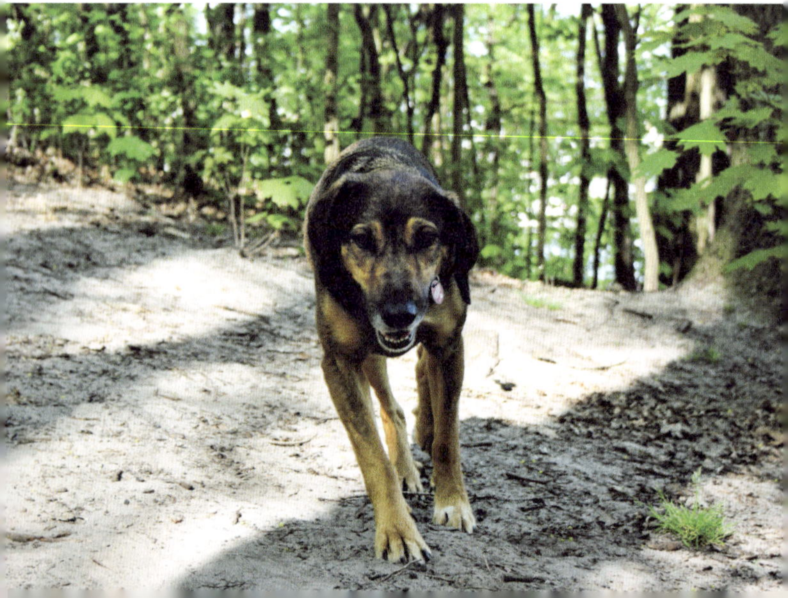

Hintergrundinformationen

An der Stelle, an der der See einen Knick macht, steht auf der anderen Uferseite eine imposante Villa. Sie ist symmetrisch gebaut, hat eine überdachte Freitreppe und einen kleinen Turm über der Treppe auf dem Dach. Die Truman-Villa. Der amerikanische Präsident Harry S. Truman wohnte während der Wannsee-Konferenz vom 15. Juli an für 17 Tage in diesem Haus. Von hier aus erließ den Truman den Befehl für den Atombombenabwurf auf Nagasaki und Hiroshima.

Geschichtliches

In der Mitte des Griebnitzsees verläuft die Grenze zwischen Berlin und Brandenburg. Zu Mauerzeiten verlief selbige quasi durch den See. Zu dieser Zeit war der See vom Babelsberger Ufer aus nicht zugänglich. Ein berühmter Griebnitzer ist Volker Schlöndorff.

Info

H	118 bis Steinstücken
P	Parkplätze am Ende des Stölpchenweg, 14109 Berlin
	An sonnigen Wochenenden kann es voller werden und das Gebiet ist nicht groß.
€	Das Futterhaus, Königsstraße 11, 14109 Berlin
	nichts bekannt
	Hubertusbaude, Stölpchenweg 68, 14109 Wannsee www.st-hubertusbaude.de; Wildbad Kiosk, Stölpchenweg 33A, 14109 Berlin
	Jawoll! Einen ganzen See voll. Und volle Wassernäpfe warten in der Hubertusbaude.

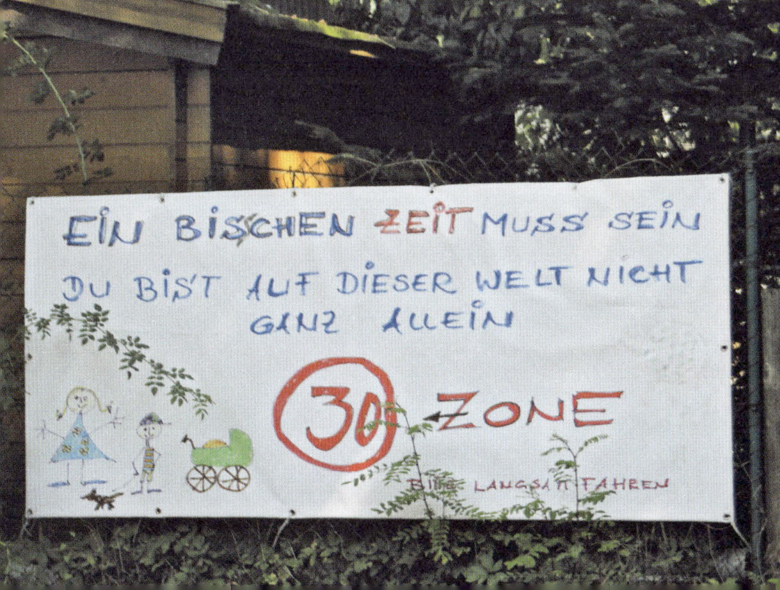

Wie wahr, wie wahr

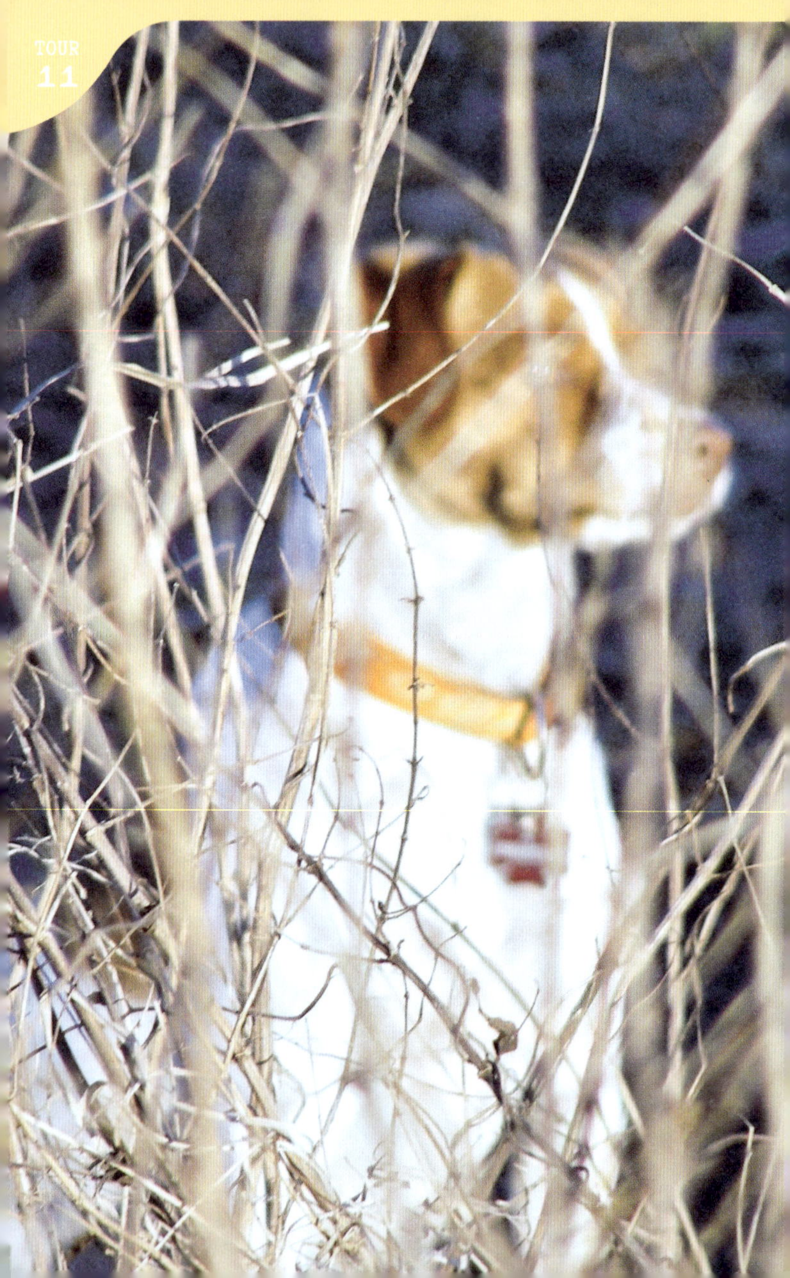

Frohnau

Hoch im Norden Berlins

Hundefreundlichkeit: **Das Gebiet um den Golfplatz Stolper Heide ist sehr hundefreundlich. Die Frohnauer führen ihre Vierbeiner gehen hier aus. Damit auch in Zukunft ein freundliches Miteinander zwischen Spaziergängern, Golfern, Hundehaltern, Radfahrern und Bauern möglich ist, sollten alle respektvoll miteinander und mit der Natur umgehen. Toben auf bestellen Feldern oder im Mais ist tabu. Und gefährlich. Maisblätter sind höllisch scharf.**

Tour-Info	↔ 9,6 km	3 Std.
Kategorie:	Rundwanderung, mittel	
Start-Ziel:	Lichtungsweg 23, 13465 Berlin	
Strecke:	Parallelweg Mauerweg Golfplatz Stolper Heide – Weidenweg – Ackergrenze – Mauerweg – Ackergrenze – Weiher – Golfplatz - Mauerweg	

Vom 1 Lichtungsweg geht es geradewegs in Grüne. An der zweiten Gabelung biegen wir rechts ab und laufen immer geradeaus dem 2 Golfplatz entgegen. Wir durchqueren den Golfplatz auf einem Weg, der rechts und links vom Green begrenzt ist. Am Ende des Golfareals laufen wir rechts über den 3 Parkplatz und dann den äußeren, linken Feldweg (Privatweg) an der Ackergrenze und einem Zaun entlang Richtung Felder. Diesem Weg folgen wir quasi bis zum Ende und stoßen dann auf den asphaltierten 4 Mauerweg. ! Bei gutem Wetter sind hier einige Radfahrer unterwegs. Wir gehen nach rechts, bleiben ein ganzes Stück auf dem Mauerweg und kommen an einem Mountainbikeparcours entlang.

Nach einer leichten Rechtskurve biegen wir noch einmal rechts in die Felder ab und laufen bis zur ersten Kreuzung geradeaus. Hinter dieser Kreuzung auf der linken Seite versteckt sich, je nach Wetterlage, ein kleine Weiher. Nach einer erfrischenden Rast geht es wieder zur Kreuzung und dann rechts zwischen Golfzaun und Ackergrenze entlang zurück auf den Mauerweg und hier erneut rechts hinunter. Bei der ersten Gelegenheit biegen wir links ab und laufen am Graben entlang zurück zum Ausgangspunkt.

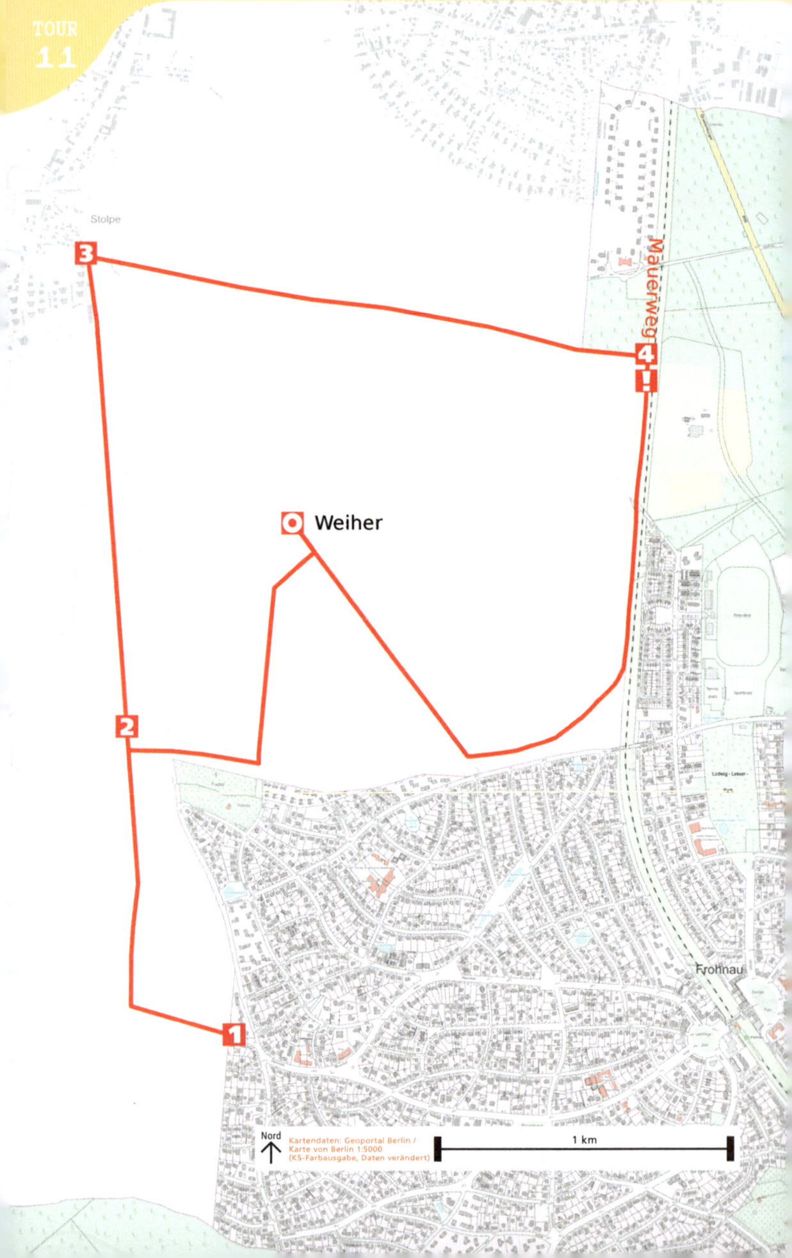

TOUR
11

Stolpe

3

Mauerweg

4

!

Weiher

2

1

Frohnau

Nord

Kartendaten: Geoportal Berlin / Karte von Berlin 1:5000 (K5-Farbausgabe, Daten verändert)

1 km

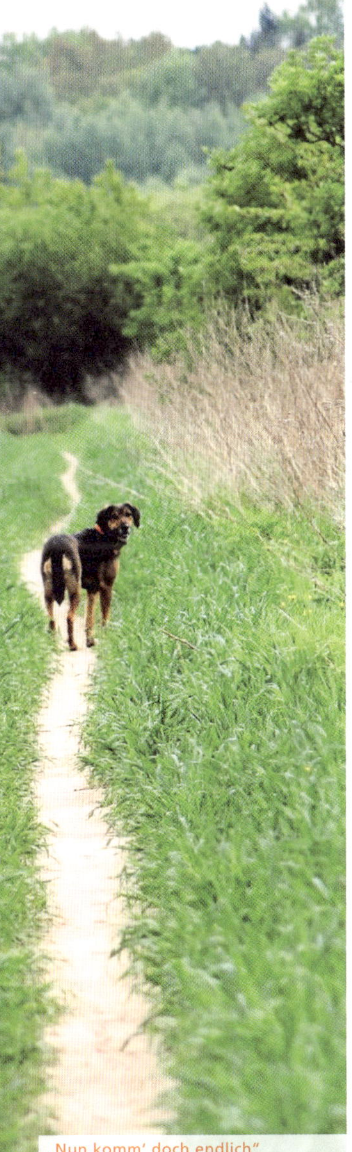

„Nun komm' doch endlich"

Info

H	220 N20 bis Benediktinerstraße, S1 bis Frohnau
P	Lichtungweg oder Am Eichenhain, 13465 Berlin
Uhr	jederzeit
€	Heidingsfelder Haustierkost, Ludolfingerplatz 2, 13465 Berlin www.heidingsfelder-tierkost.de; Hundefutterfrischfleischhandel, Dorfstraße 10, 16640 Stolpe, www.barf-alice.de
WC	City Toilette Welfenallee, 13465 Berlin, Nähe Ludolfingerplatz
Restaurant	Ristorante Landhaus am Poloplatz, Am Poloplatz 9, 13465 Berlin www.landhausampoloplatz.de; Landgasthof Zur Krummen Linde, Dorfstraße 5, 16540 Hohen Neudorf/Stolpe www.krumme-linde.de
Wasser	Ein kleiner Weiher liegt auf dem Weg. Im Sommer kann dieser allerdings ausgetrocknet sein.

Interessantes

Peter Zweigt und Reinhard Mey leben in Frohnau. Farin Urlaub lebte hier zwischen seinem siebten und seinem 18. Urlaub, damals noch unter dem Namen Jan Vetter.

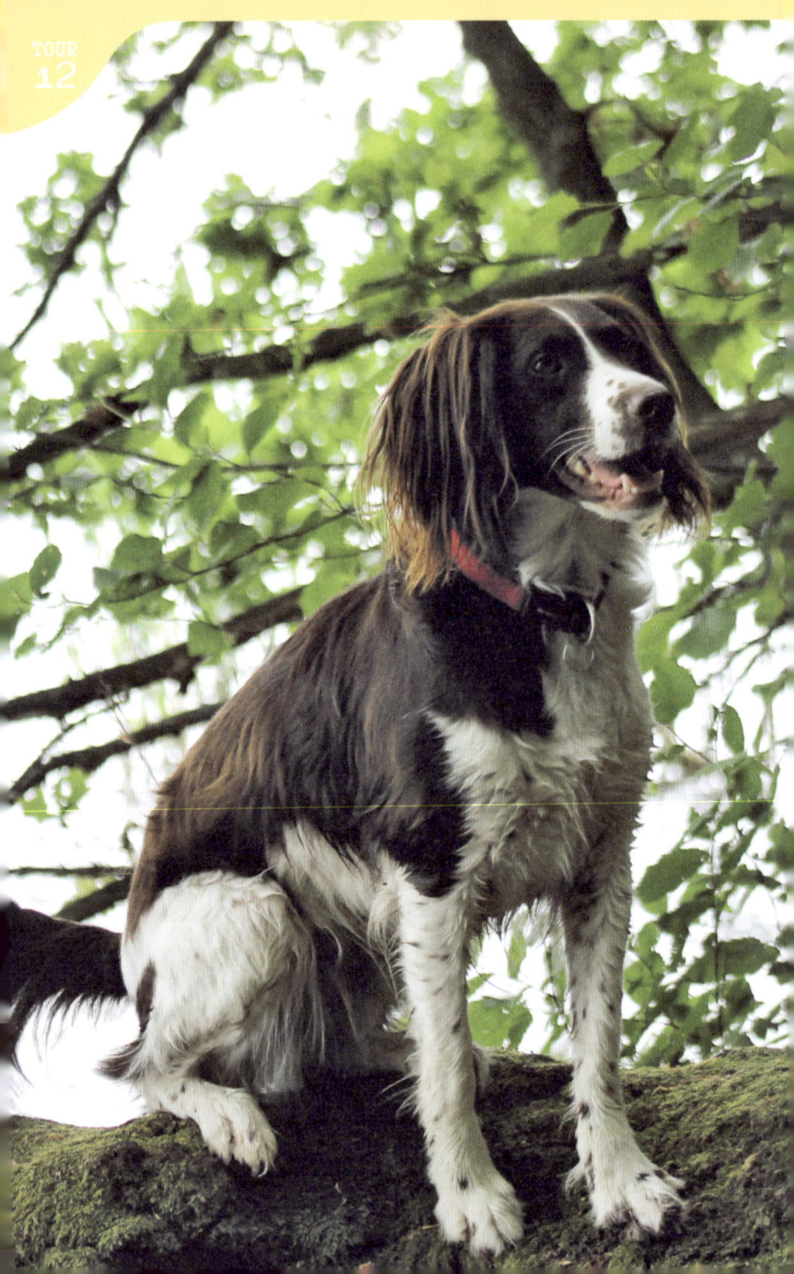

Schmöckwitz

Im Süden der Stadt

Hundefreundlichkeit: **Selbst an sonnigen Wochenenden ist hier nicht sehr viel los. Und die Menschen sind entspannt, weil es hier so schön ist. Eine Ausnahme bietet die Ferienzeit aufgrund der Campingplätze. Aber dennoch ist meist auf dem Wasser mehr los als an Land.**

Tour-Info	↔ 9,3 km	4 Std.
Kategorie:	Rundwanderung, mittel	
Start-Ziel:	Wernsdorfer Straße 26, 12527 Berlin	
Strecke:	Wernsdorfer Straße – Seddinpromenade – Oder-Spree – Kanal – Seddinsee - Waldweg	

Schmöckwitz ist ein Traum. Und das wird es wohl auch bleiben, weil es so schwer erreichbar ist. Nur unter Anstrengung mit den Öffentlichen Verkehrsmitteln oder durch lange Autofahrten. Und das ist auch gut so. Lassen wir es ein Kleinod bleiben, das wir uns nur sehr selten im Jahr gönnen.

Wir starten auf der 1 Wernsdorfer Straße und biegen links in die 2 Seddinpromenade ab. Auf der rechten Seite steht eine Ruine und auf unserer linken Seite macht der ⦿ Seddinsee „hübsch". Wir bleiben nun immer auf diesem Weg einige Kilometer lang und streifen vorbei an Bootsanlegern, Fischerhütten und Wasser, Wasser, Wasser.

Wenn der See in den ⦿ Oder-Spree-Kanal mündet, kommen wir nach einigen hundert Metern zu der 3 Brücke über den Kanal. Diese überqueren wir und laufen auf der anderen Seite das Ufer wieder zurück bis zum äußersten Punkt. Dann geht es rechts am Ufer entlang. Ein Stück hinter dem 4 DLRG Gebäude und kurz vor der Siedlung Zwiebusch geht ein Weg rechts ab. Diesen nehmen wir, folgen dem schmaleren Weg rechterhand durch den Nadelwald, biegen am Ende links ab und laufen ein Stück am Wildzaun entlang. Wenn der Zaun zu Ende ist, geht es noch ein Stückchen rechts hinunter und wir sind zurück am Oder-Spree-Kanal. Der Rückweg ist nun der gleiche wie der Hinweg. Für eine Rast bietet sich das ⦿ Restaurant Strandlust auf der Seddinpromenade an. Dort genießt man einen schönen Blick über den See.

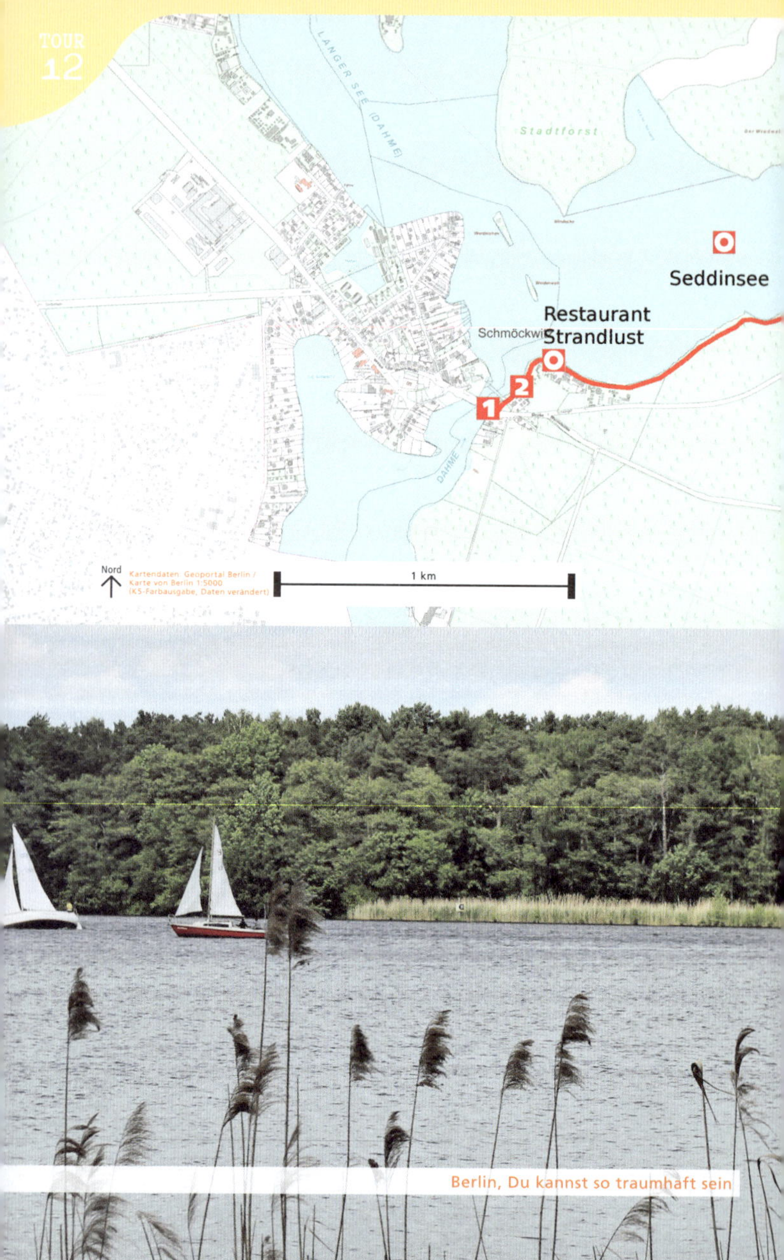

Berlin, Du kannst so traumhaft sein

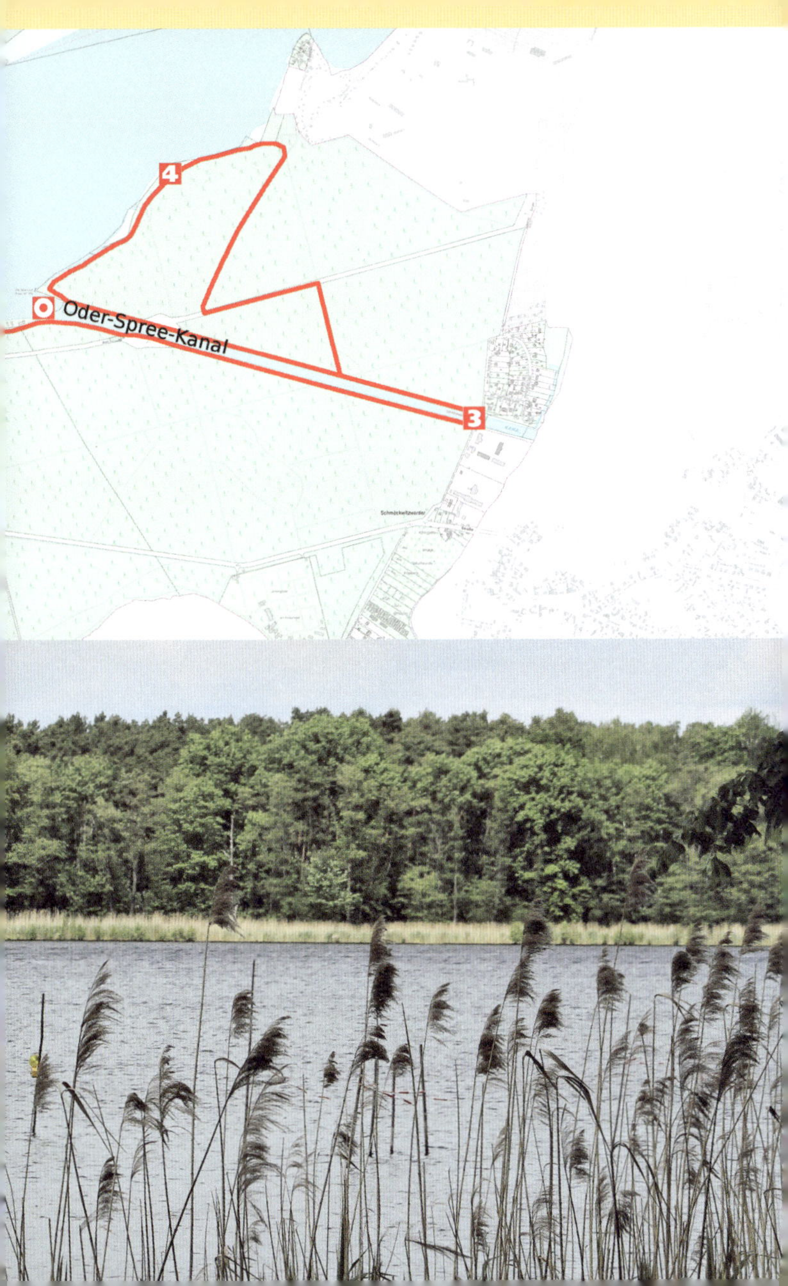
4
Oder-Spree-Kanal
3

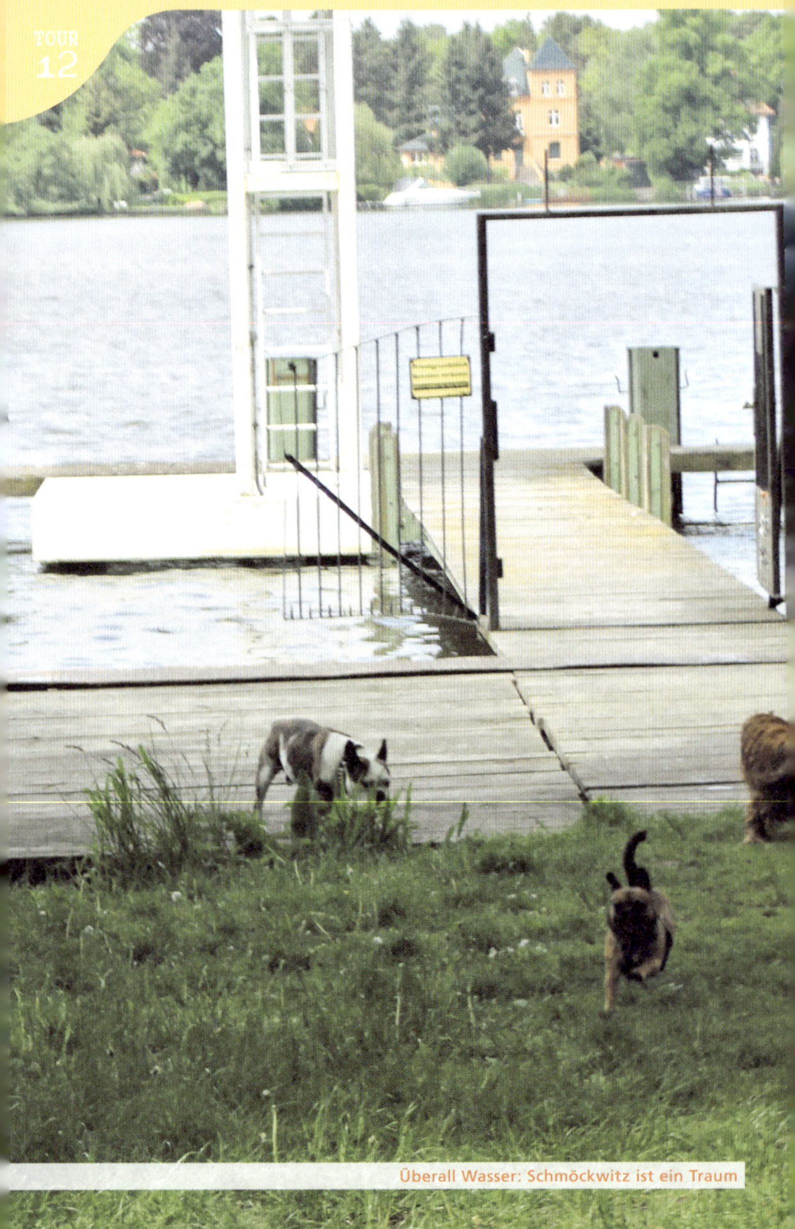

Überall Wasser: Schmöckwitz ist ein Traum

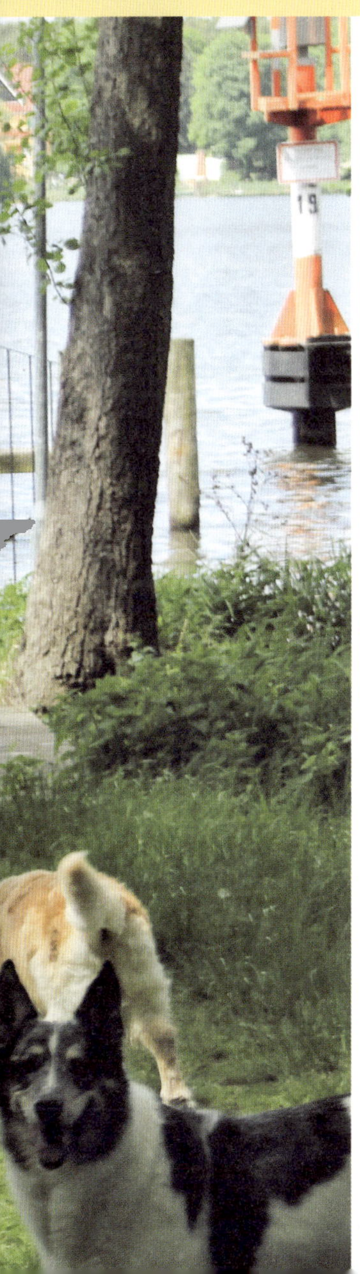

Info

Haltestelle	Tram 68 bis Alt-Schmöckwitz
Parken	Schwarzer Weg, 12527 Berlin
Öffnungszeiten	jederzeit
Eintritt	keine bekannt
Toiletten	tja..
Gastronomie	Restaurant Strandlust, Seddinpromenade 3A, 12527 Berlin; Oase, Wernsdorfer Straße 26, 12527 Berlin
Wasser	überall

Geschichtliches

Schmöckwitz ist der südlichste Bezirk Berlins, ein ehemaliges Fischerdorf und heute ein Paradies für Wasserratten und Wasserhunde.

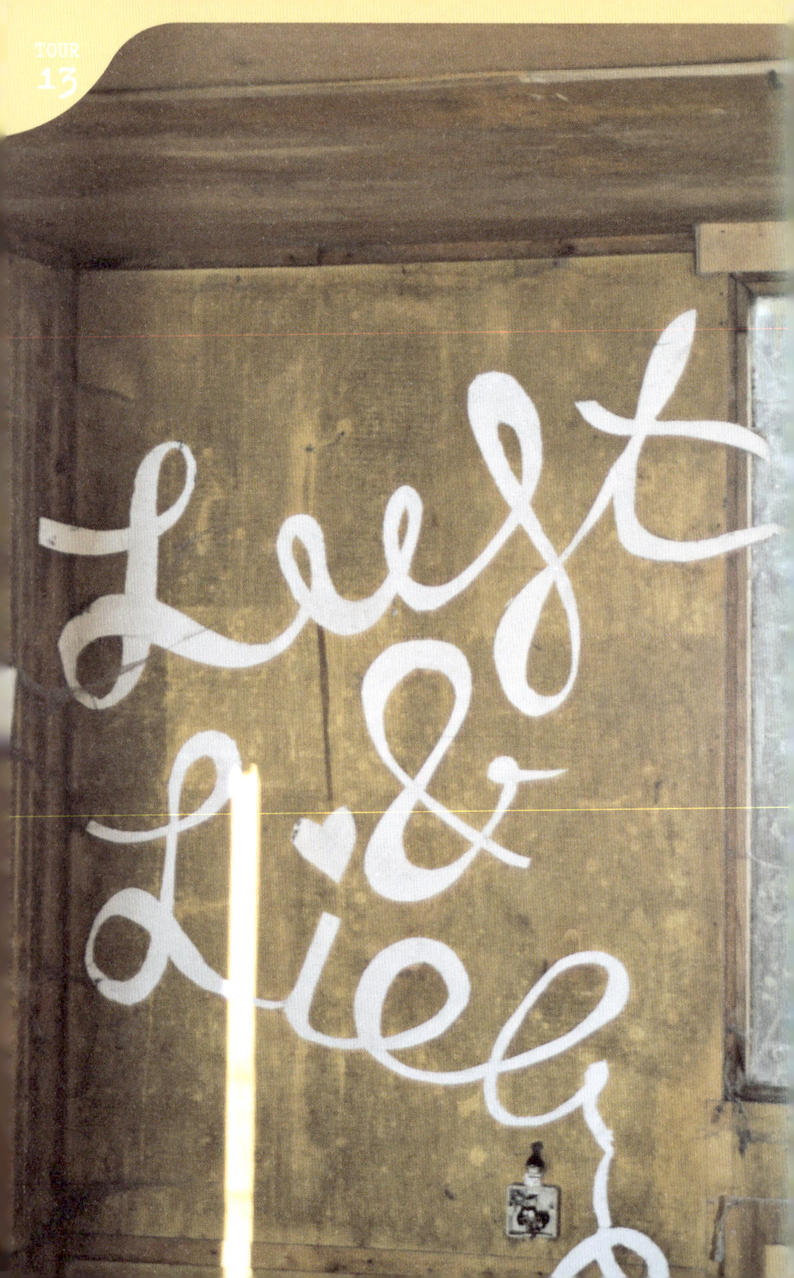

Grüner, alter Osten

Hundefreundlichkeit: **jawoll, ist gegeben. Hier in der Gegend ist kaum einer unterwegs, der gestreßt oder gehetzt ist. Vielmehr werden die Grünstreifen und Parks der Route zum Runterkommen und Chillen genutzt. Natürlich auch von Hundehaltern. Am besten ist diese Strecke unter der Woche zu laufen. Am Wochenende wird es gerade in Plänterwald und Treptower Park recht voll.**

Tour-Info	↔ 12 km	2 Std.
Kategorie:	Rundwanderung, schwer, weil lang	
Start-Ziel:	Baumschulenweg	
Strecke:	Baumschulenstraße – Britzer Verbindungskanal – Köllnische Heide – Kiefholzstraße – Plänterwald – Treptower Park	

Wenden Sie sich am **1** S-Bahnhof Baumschulenweg von der vierspurigen Köpenicker Landstraße ab und gehen ein Stück die Einkaufsstraße Baumschulenstraße entlang. Biegen Sie an der ersten Kreuzung hinter den Schienen links ab in die Behringstraße, weg von dem Trubel. Am Ende der Straße geht es nur rechts und dann gleich wieder links auf die Kiezfholzstraße. An der ersten Brücke wechseln Sie die Straßenseite und laufen rechts neben dem **2** Kanal entlang. Sie gelangen an die bunte Brücke über die Südostallee, bleiben aber unten am Wasser auf dem Trampelpfad neben dem Kanal. Hinter der nächsten Brücke rechts macht sich eine Wiese breit und Sie stehen hier mitten im einzigen ⊙ Hundeauslaufgebiet Treptow-Köpenicks. Jaja, da hat der Bezirk nicht gegeizt.

Hinter der Wiese biegen Sie rechts ein, überqueren die Forsthausallee und tauchen auf der anderen Seite zwischen den Häusern wieder im Grün ab. Links neben Ihrem Weg fließt, je nach Jahreszeit, ein Bach oder sogar ein kleiner Fluß entlang – der **3** Heidekampgraben. Im Frühjahr und ab Herbst kann Ihr Vierbeiner sich hier sehr gut abkühlen. Im Sommer ist der Bach eher ein grüner Tümpel. Zu Ihrer Rechten erstreckt sich ein Wohngebiet. Sie bleiben nun auf diesem schönen

Interessantes

1969 eröffnetet der Kulturpark Plänterwald, wie der Spreepark früher hieß, seine bunten Tore in eine Welt des Vergnügens, des Bauchkribbelns, der kalorienreichen Köstlichkeiten, der Auszeit vom DDR-Alltag. Während andere Rummelplätze auf- und abgebaut wurden, blieb der Kulturpark ganzjährig. Und zwar als einziger Freizeitpark dieser Art in der DDR und nach Mauerfall auch erstmal als einziger in Gesamtdeutschland. Fast zwei Millionenen Besucher kamen jährlich hierher, um sich zu vergnügen. Besonders auffällig und besonders beliebt war das Riesenrad, das sich heute erbittert gegen Rost und Ruß zur Wehr setzen muß.
Wie viele andere Betriebe auch, konnte sich der Spreepark im vereinigten Berlin nicht durchsetzen. Zunächst sah es noch ganz gut aus, der Betrieb wurde abgewickelt und privatisiert – mehr oder weniger. Der Senat hatte immer noch irgendwie die Hand im Spiel. 2001 allerdings kamen dann nur noch rund 400.000 Besucher und der Inhaber, Norbert Witte, musste Insolvenz anmelden. Er setzte sich mit seiner Familie, seinen engsten Mitarbeitern und sechs Fahrgeschäften aus dem Spreepark nach Peru ab. Dort scheiterte er mit dem Freizeitpark Luna. Nachdem er versuchte, im Fliegenden Teppich 167 kg Kokain von Peru nach Deutschland zu schmuggeln, durfte er sieben Jahre lang auf Staatskosten wohnen und essen. Seit Mai 2008 ist Witte wieder ein freier Mann und offenbar auch immer noch oder wieder Verwalter des Spreeparks. Ja, warum auch nicht? Wie es mit dem Gelände weitergeht, ist allerdings mehr als unklar. Und so lange das so bleibt, genießen wir den Blick auf das, was den Großbrand 2014 überlebt hat, vom Zaun aus.

Weg, teilweiser Mauerweg, am Bach entlang, überqueren die ! Sonnenallee, den Dammweg und auch die Kiefholzstraße.

Nach dem Überqueren der Kiefholzstraße erwartet Sie auf der anderen Seite eine Kleingartenanlage, die 4 KGA Neuköllnische Wiesen. Steuern Sie darauf zu, gehen Sie zunächst geradeaus und dann den dritten Abzweig nach rechts. Das ist ein sehr kleiner, schmaler Weg. Auf Ihrer linken Seite haben Sie nun wieder einen kleinen Bach. Sie nehmen Kurs auf die Bahntrassen. Dieser Weg führt zu der einzigen Brücke, die unter den Schienen durchführt. Folgen Sie ihm. Hinter der Brücke geht es weiter auf einem kleinen Trampelpfad rechts entlang. Sie sind nun zwischen Schienen und Gärten eingeklemmt. Am Ende des Pfades tauchen Sie am Hinterausgang des 5 S-Bahnhofes Plänterwald wieder aus der Kleingartenanlage auf. Gehen Sie nach links entlang der wenigen Geschäften und der Busendhaltestelle, überqueren Sie die ! Köpenicker Landstraße und gehen geradeaus, bis Sie in den ⊙ Plänterwald plumpsen. In diesem riesengroßen Stadtpark laden zahlreiche Wege zum Abschweifen, Flanieren und Verlaufen ein. Wenn Sie auf dem Hauptweg bleiben, gelangen Sie auf jeden Fall an den Zaun des alten, sagenumwobenen und inzwischen stark verfallenen ⊙ Spreeparks. Laufen Sie links an diesem Zaun entlang und Sie gelangen automatisch an die Rummelsburger Bucht, wo Floße, Restaurantschiffe und Tretboote auf die Besucher warten. Folgen Sie der Spree Richtung Norden, dem Allianz-Tower entgegen.

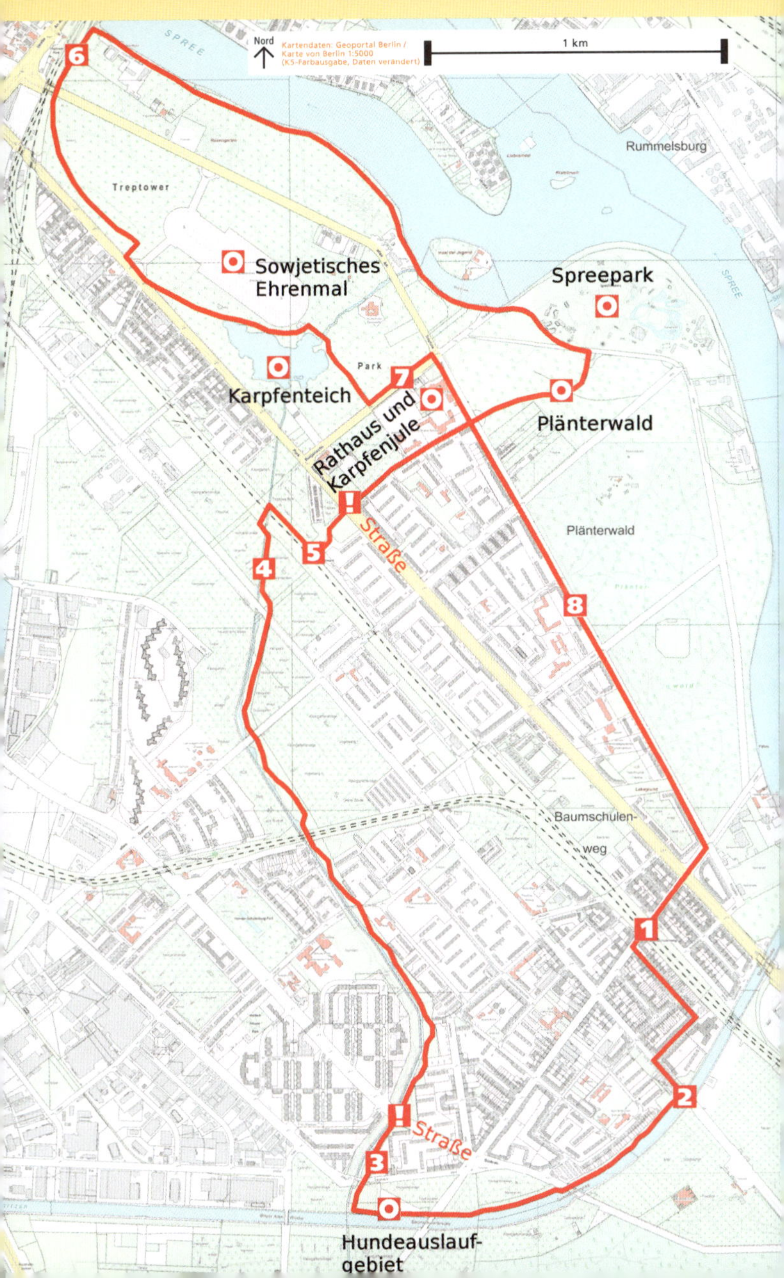
Nord
Kartendaten: Geoportal Berlin /
Karte von Berlin 1:5000
(K5-Farbausgabe, Daten verändert)
1 km
SPREE
Rummelsburg
Treptower
Sowjetisches
Ehrenmal
Spreepark
SPREE
Park
Karpfenteich
Rathaus und
Karpfenjule
Plänterwald
Plänterwald
Straße
Baumschulen-
weg
Straße
Hundeauslauf-
gebiet
1
2
3
4
5
6
7
8

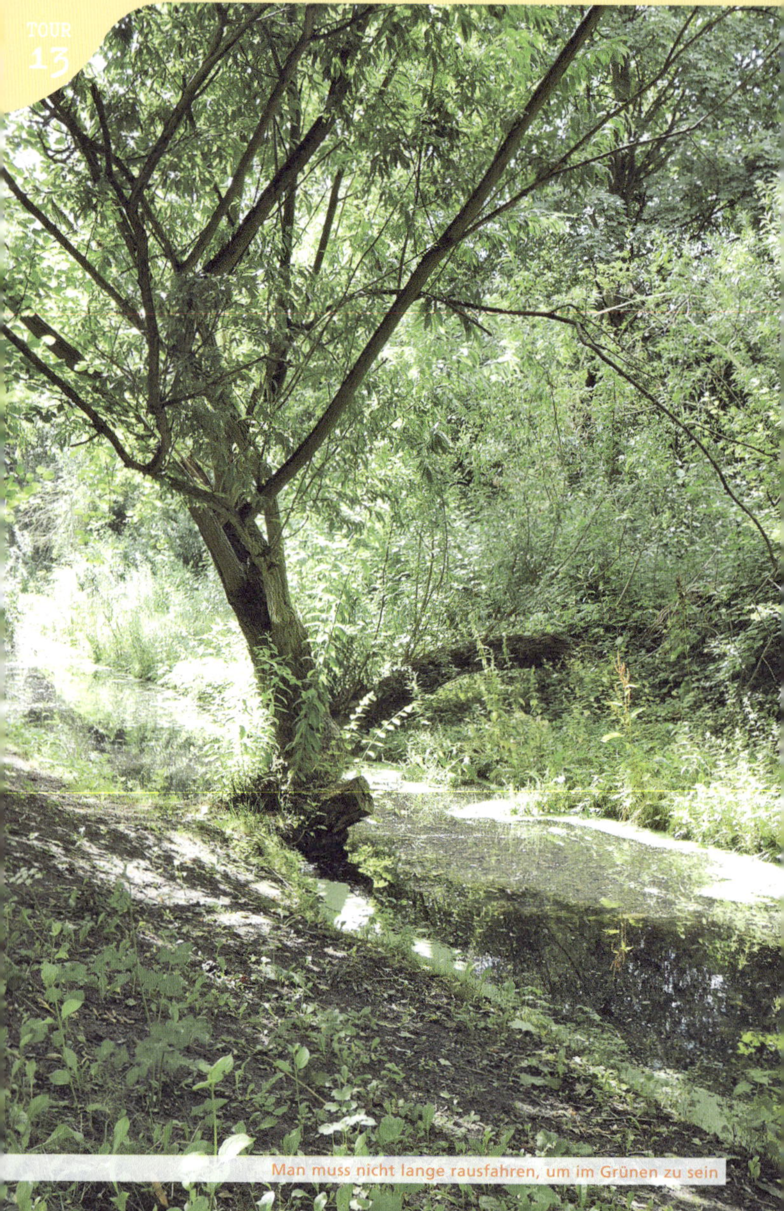

Man muss nicht lange rausfahren, um im Grünen zu sein

Am 6 S-Bahnhof Treptower Park biegen Sie vor den Bahntrassen links ab, überqueren die wunderschöne ! Puschkinallee und erobern die zweite Parkhälfte mit Sowjetischem Ehrenmal und Karpfenteich. Gehen Sie einfach wieder in die Richtung durch den Park, aus der Sie gekommen sind, d. h. links hinunter. Am Parkende, auf der 7 Bulgarischen Straße, folgen Sie hinter der Tankstelle der Neuen Krugallee. Sie ist recht ruhig und hat einen breiten Gehweg. Gönnen Sie sich einen Blick auf den schönen Bau des Bezirksamtes auf der rechten Straßenseite. Es wurde 1909 errichtet, und das war auch dringend notwendig, denn die Bevölkerungszahl Treptows war in den Jahren zuvor rasant angestiegen und das alte Rathaus platzte aus allen Nähten. Wenn Sie sich nach dem Architekturstil fragen, da kann geholfen werden: Renaissance! Schöne Renaissance. Übrigens nennt sich die Dame vor dem Rathaus Karpfenjule. Sie ist aus Bronze gefertigt, lebensgroß und sieht ziemlich keck aus. Sie ist, neben dem Hauptmann von Köpenick, die zweite, allerdings weniger bekannte Sympolfigur Treptow-Köpenicks. Dieser Bezirk blickt auf eine lange Fischereitradition zurück und die Karpfenjule repräsentiert die selbstwußte Fischverkäuferin vergangener Zeiten.

Nachdem Sie die Dame entdeckt haben, könnten Sie auch auf der anderen Straßenseite im Plänterwald weiterlaufen, bis Sie auf die Baumschulenstraße treffen. Oder Sie bleiben auf der ruhigen 8 Neuen Krugallee und gucken Häuser.

Auf der Baumschulenstraße angekommen, biegen Sie rechts ab, kreuzen die Köpenicker Landstraße und sind zurück am Ausgangspunkt, dem S-Bahnhof Baumschulenweg.

	Info
H	S45, S46, S47, S8, S85, S9
P	Baumschulenstraße, Seitenstraßen
	unter der Woche
€	Hopy's Futtertheke, Baumschulenstraße 66, 12437 Berlin
	Wall WC Sonnenalle / Ecke Dammweg, Bezirksamt Treptow-Köpenick, Neue Krugallee 4, 12435 Berlin (ohne Hund)
	Restaurantschiff Klipper, Bulgarische Straße, 12435 Berlin, verschiedene Gastro-Pavillons rund um den S-Bahnhof Treptower Park
	Hundeauslaufgebiet Forsthausallee: hier kann der geschickte Vierbeiner über die Ufersteine am Kanal ins Wasser, Karpfenteich Treptower Park

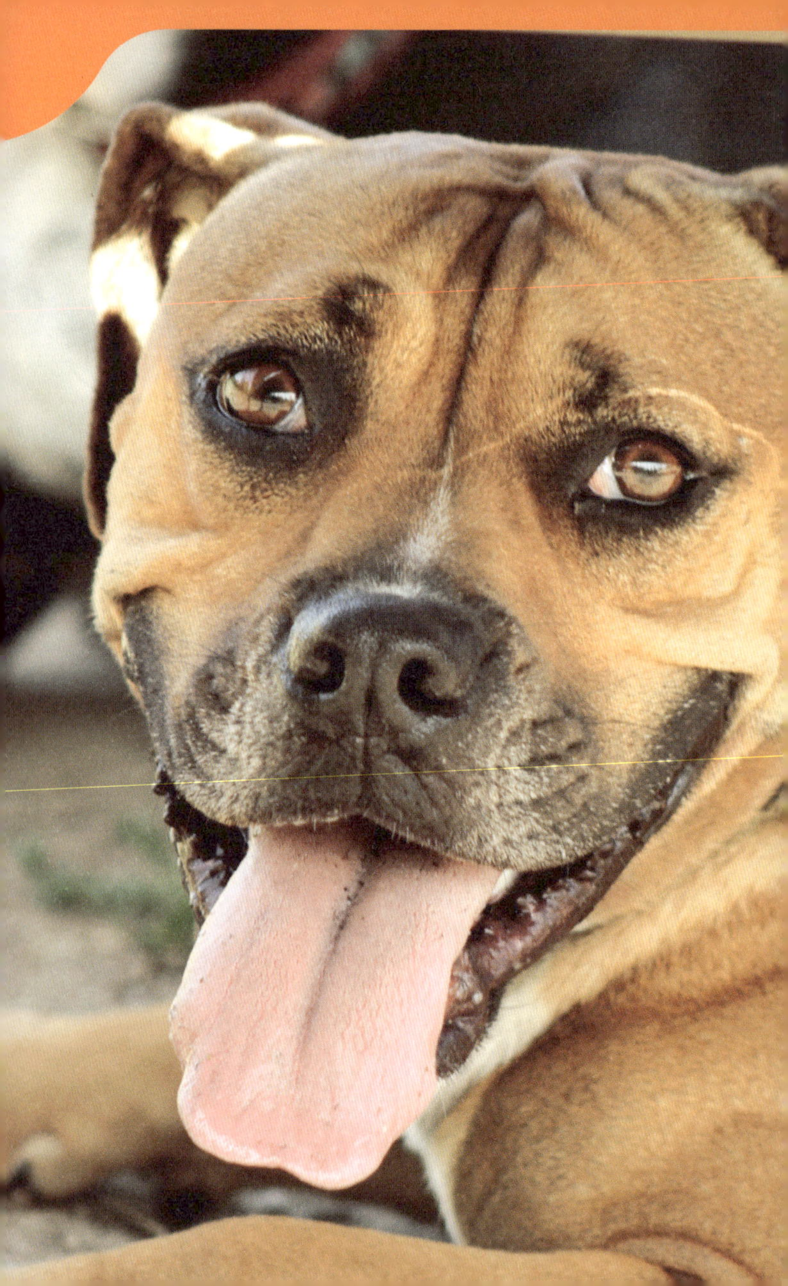

Wie der Herr, so's Gescherr?

Zahlreiche Hundetrainer, mal mehr, mal weniger kompetent, haben es sich zur Aufgabe gemacht, unseren Hunden zu vermitteln, wie sie sich in der zivilisierten Welt zu verhalten haben. Aber wie ist es um das Verhalten der Hundehalter selbst bestellt? Nicht nur Hundegebell schallt aus deutschen Wäldern und Parkanlagen. Auch Menschengeschrei ist auszumachen, wenn mal wieder zwei Hundebesitzer miteinander „ins Gespräch" gekommen sind.

„Gleich und gleich gesellt sich gern" gilt nicht uneingeschränkt für die zweibeinigen Freunde des Vierbeiners. Mitunter fechten Frauchen und Herrchen auf den Hundewiesen dieses Landes verbale Kämpfe aus, bei denen unsere Vierbeiner nur kopfschüttelnd daneben stehen.

Was geht und was geht gar nicht? - der Knigge für Hundebesitzer.

Ist das ein Rüde? – Wer hat sie noch nicht auf 100 Meter entgegengeschmettert bekommen, diese berühmten vier Worte, die – geht man von Tonlage und Lautstärke des Schreienden aus – oft vermuten lassen, es ginge um Leben und Tod: „Ist das ein Rüde?" Kreisch! Warum ist das so wichtig zu wissen? Sind Rüden rein geschlechtsspezifisch dazu verpflichtet, aufeinander los zu gehen, kaum dass sie sich sehen?

Mit Sicherheit nicht. Zahlreiche, zwar nicht repräsentative, aber selbst gemachte Beobachtungen in Hundefreilaufgebieten zeigen, dass auch sich fremde Rüden gut miteinander auskommen, ohne sich zu zerfleischen. Es wurden sogar schon Rüden gesichtet, die nach kurzem Beschnuppern miteinander getobt und gespielt haben. Spektakulär. Und, um dem Ganzen noch die Krone aufzusetzen, gibt es Hundehalter, die behaupten, die Begegnung zweier sich unbekannter Hündinnen würde öfter um einiges ruppiger ablaufen, als die zweier Rüden.

Dennoch schreien sich Hundebesitzer seit Jahrzehnten aus unterschiedlichen Distanzen mit diesen Worten an, um sich, sollte sich ihre „Befürchtung" bestätigen, dann aus dem Wege zu gehen. Wen mag es da wundern, dass unbedarfte Nicht-Hundebesitzer als Beobachter solcher Szenen ins Grübeln geraten: Sind eigentlich die Hundehalter selbst untereinander sozial verträglich und haben sie derlei Situationen wirklich im Griff? Gilt frei nach Tucholsky „Der eigene Hund macht keinen Lärm – er bellt nur" somit auch für den Halter? „Der brüllt nicht - er klärt nur?"

Gerne werden bei der Hundeerziehung Analogien zur Kindererziehung gezogen. Doch darf bzw. muss man dankbar sein, dass bisher weder von Kinderspielplätzen noch von anderswo Fälle gemeldet wurden, bei denen sich zwei Mütter über die Straße hinweg schreiend darüber informiert haben, ob ihre jeweiligen Kinder männlich oder weiblich sind, wie alt oder aus welchem Viertel, um ein Aufeinandertreffen eines Kevin mit einem Ferdinand Junior rechtzeitig verhindern zu können. Warum aber ist das bei Hundemenschen so?

Es gibt keinen glaubwürdigen oder stichhaltigen Grund! Schön wäre es, diesen Mißstand in Zukunft aufzulösen, da sowohl die Frage an sich als auch deren Antwort schlichtweg überflüssig sind. Ganz zu schweigen von dem Geschrei.
Voraussetzung für eine positive Entwicklung bildet zunächst der menschlich-respektvolle Umgang miteinander, der leider schon manchen Hundehalter vor eine schier unlösbare Aufgabe stellt. Des Weiteren gibt es bei Begegnungen zweier Hunde ja nur sehr begrenzte Möglichkeiten, wie diese ablaufen können.

a) Ein Hund läuft frei, einer nicht. Hier ist dem Besitzer des leinenlosen Hundes geraten, selbigen zu sich zu holen und bei sich zu halten, bis man aneinander vorbei ist (siehe auch nächster Abschnitt).
b) Beide Hunde sind im Freilauf in einem Gebiet, in dem dieser für Hunde auch gestattet ist. Da man eine Sozialverträglichkeit der abgeleinten Hunde voraussetzen darf, kommt hier der Lieblingssatz eines verantwortungsvollen Hundebesitzers zum Tragen: „Das machen die unter sich."
c) Beide Hunde sind angeleint, ein Problem entsteht erst gar nicht.

Haben sich Hund und Halter erst einmal anständig einander genähert, bieten sich genug Möglichkeiten, ins Gespräch zu kommen oder sich aus dem Weg zu gehen. Anschreien überflüssig.

Nur mal „Guten Tag" sagen

Aus den USA schwappt langsam und leise das Projekt „Gelbe Schleife" nach Europa und somit auch nach Deutschland. Eine gelbe Schleife am Halsband oder an der Leine eines Hundes soll entgegenkommenden Zwei- und Vierbeinern signalisieren, dass dieser Hund Freiraum und somit Distanz zu anderen Zwei- und / oder Vierbeinern benötigt. Sei es aus Gründen von Ängstlichkeit, Krankheit, Aggressivität, Läufigkeit oder weil der Halter das so möchte. Stellt sich die Frage, warum dazu eine

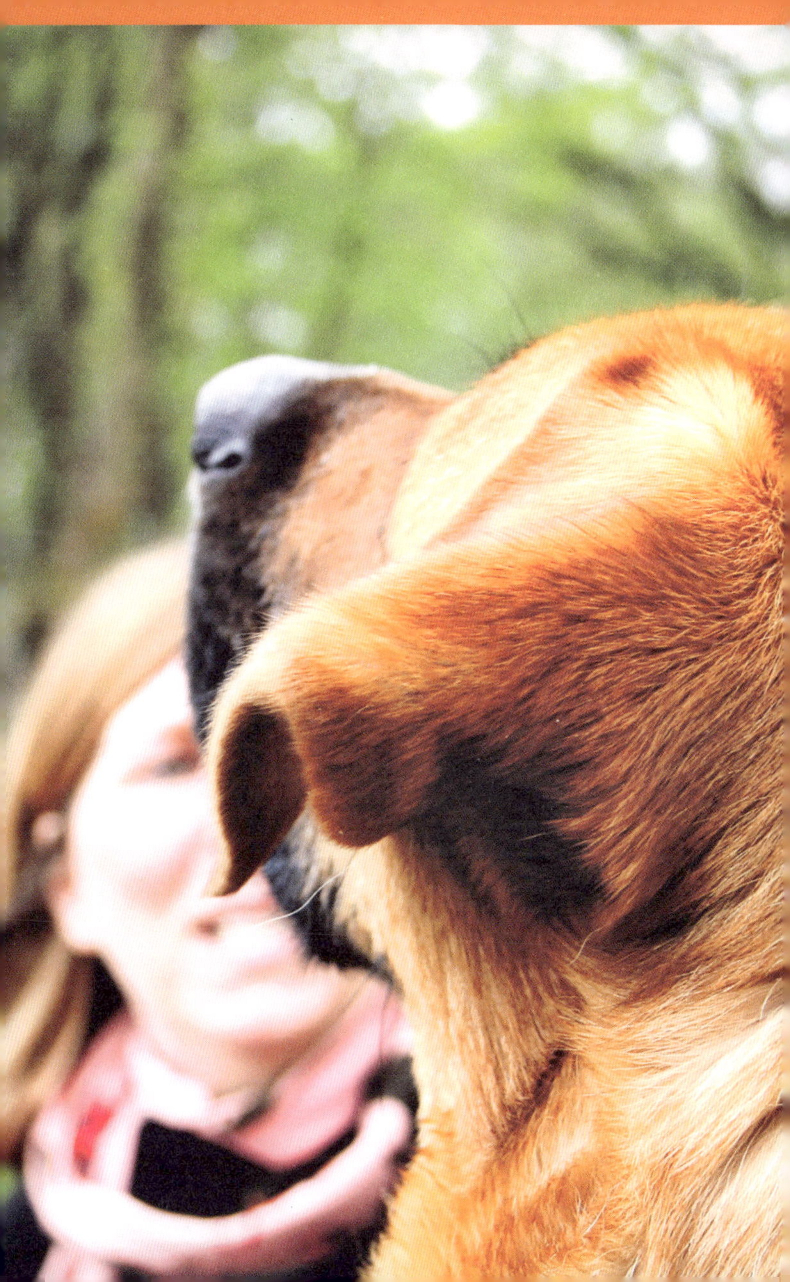

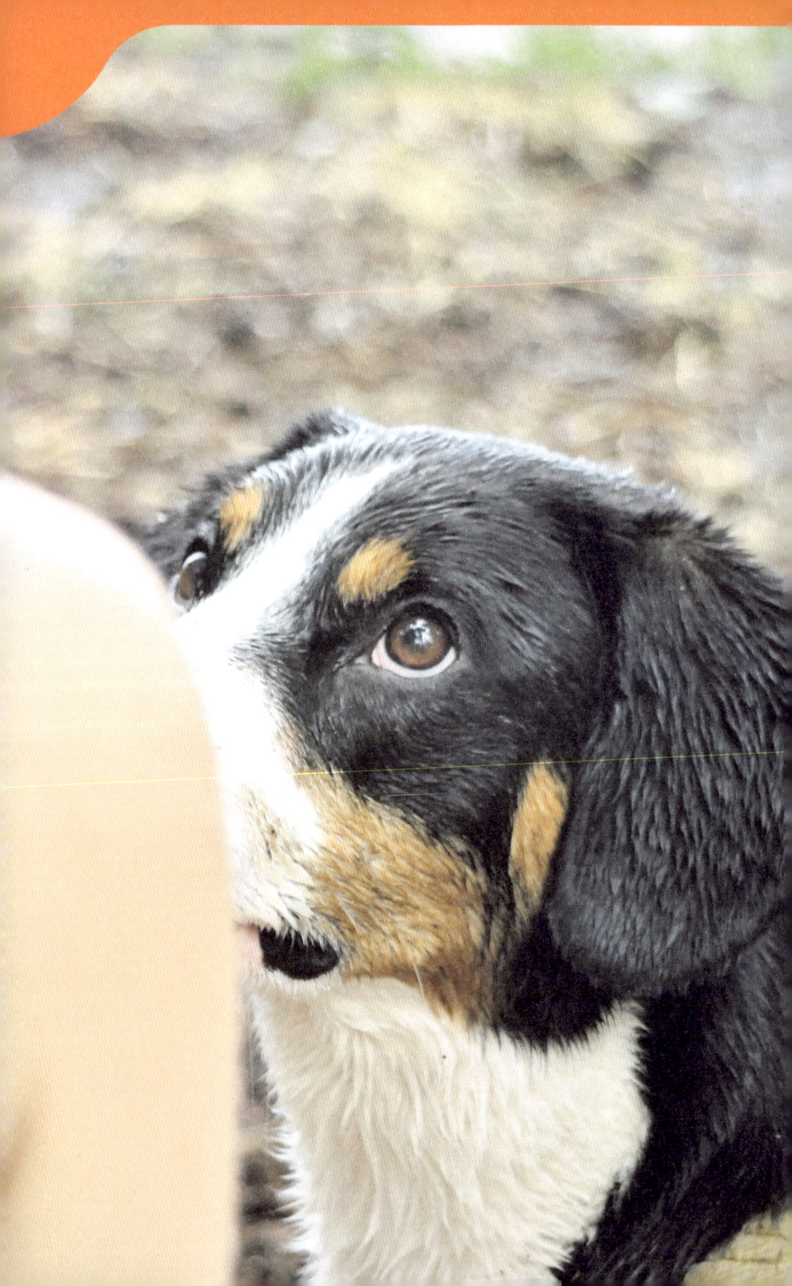

gelbe Schleife nötig ist? Sollte es nicht vielmehr selbstverständlich sein, einen Hund, der an der Leine geführt wird, nicht zu bedrängen und daher auch freilaufende Hunde nicht auf ihn zustürmen zu lassen? Es hat immer einen Grund, warum ein Hund angeleint ist, und dieser muss respektiert werden. Punkt.

Leider spielen sich -vermutlich nicht nur in Deutschland- täglich zahlreiche Szenen ab, die diesen notwendigen Respekt vermissen lassen. „Wir wollten ja nur mal Guten Tag sagen", „Die müssen sich doch mal beschnüffeln." oder auch das beliebte „Der tut nix" sind Argumente, die legitimieren sollen, dass ein angeleinter Hund von freilaufenden Kollegen bedrängt werden darf. Wenn dieses Verhalten schon mit solchen vermenschlichenden Gründen erklärt wird, dann darf auch aus dem gleichen Rohr zurück geschossen werden. Welcher Mensch würde es denn zu schätzen wissen, an Handschellen und gezwungenermaßen lächelnd durch eine Menschenmenge geführt zu werden und jeder darf ihn angucken, anfassen, umarmen, beschnuppern, küssen.... Kaum einer, darf vermutet werden.

Hunde müssen sich nicht Guten Tag sagen. Es schadet auch nicht ihrer Gesundheit, wenn sie einen Vierbeiner unbeschnüffelt von dannen ziehen lassen. Und das Risiko bleibender Schäden tendiert gegen Null, wenn zwei Hunde an der Leine geführt, aneinander vorbeilaufen, ohne miteinander in Berührung zu kommen. Allerdings steigt das Risiko eines Konflikts, wenn ein angeleinter Hund sich gegen freilaufende Hunde zur Wehr setzen muss, die ihm unangenehm auf die Pelle rücken. Daher sollte es selbstverständlich sein, den eigenen Hund zu sich zu rufen, sollte einem ein angeleinter Vierbeiner entgegenkommen. Im Gespräch mit dessen Halter kann es sich ergeben, dass die beiden Hunde sich dennoch bekannt machen. Aber auch hier gilt – erst fragen, dann laufen lassen.
Andersherum versteht es sich von selbst, dass ein Hund, der ausschließlich an der Leine geführt werden muss, nicht unbedingt in einem ausgewiesenen Hundeauslaufgebiet Gassi geführt wird. Hier sollten Hundehalter uneingeschränkt den Freilauf ihrer Vierbeiner genießen dürfen, denn dazu sind diese Flächen schließlich da.

„Guck' mal, was ich Feines für Dich habe!"

Leinenruck und Dominanz sind out – es lebe die positive Bestärkung, hipp hipp hurra. Diese bringt es mit sich, dass kaum ein Hundebesitzer heutzutage ohne Futter zum Spaziergang aufbricht. Trainingsleckerli, Selbstgebackenes oder eine Handvoll Trockenfutter im designten Leckerlibeutel sind gängige Accessoires in Wald und Flur. Unsere Vierbeiner erschnuppern auf ihren Gassirunden daher nicht nur das Kaninchen, das soeben in seinen Bau gehuscht ist, sondern auch den Lammstreifen in der Tasche des entgegenkommenden Rudels. Viele Vierbeiner können nicht widerstehen und versuchen, sich auf ihrer Runde durch sämtliche kulinarischen Highlights zu futtern. Was beim eigenen Frauchen oder Herrchen funktioniert, klappt auch oft beim fremden: ein unaufgefordertes „Sitz" und „Schau lieb" öffnet so manche Tasche, und das Leckerli ist schneller im Hund, als sein Besitzer „Nein" rufen kann.

Schreien ist keine Lösung. Dennoch ist in solchen Situationen ein energisches Kundtun des eigenen Unmutes durchaus verständlich. Es gilt ein absolutes „No Go!" für das Füttern fremder Hunde, ohne den Besitzer vorher gefragt zu haben. Dennoch geschieht es Tag für Tag.
Was lernt ein Hund, dem unaufgefordert kleine Naschereien ins Maul gestopft werden? Er lernt, dass es durchaus Sinn macht, in Kontakt mit fremden Menschen zu treten und diesen auf den Leib zu rücken, wenn sie schon so gut riechen. Er lernt das Betteln. Und er lernt auch Ungehorsam dem eigenen Halter gegenüber, wenn die Verlockungen in fremden Taschen zu groß sind.

Doch das sind nicht mal die schwerwiegendsten Gründe, warum fremde Hunde nicht ungefragt gefüttert werden dürfen. Wir leben in einer modernen Welt mit noch „moderneren" Hunden. Und diese leiden immer häufiger unter Allergien und Futterunverträglichkeiten, machen gerade eine Diät oder haben andere gesundheitliche Probleme. Daher kann in extremen Fällen das verbotene Leckerli sehr unangenehme, wenn nicht gar gefährliche Auswirkungen für den Hund haben. Auch hier sei ein Blick in die Welt der Menschenkinder gestattet. Wer es wagt, einem Baby oder Kleinkind ungefragt Schokolade, Eis, Kuchen oder alles zusammen ins Leckermäulchen zu stopfen, der kann sich – zu Recht – auf eine ausgewachsene Standpauke der Mutter gefasst machen. Warum sollte es bei Hunden anders sein? Genau!

„Lege Dich mit den Hundehaltern an, und Du verlierst die absolute Mehrheit"

So sprach einst der erste Bundeskanzler nach dem Zweiten Weltkrieg, Konrad Adenauer, selbst Halter von zwei Hunden. Und sich mit einem Hundehalter anzulegen ist nicht besonders schwer, vor allem nicht für die, die selber Hundehalter sind.
Gleiche Interessen sind hier noch lange keine Garantie für gleiche Meinungen. Nur weil zwei Menschen ein Hobby teilen, müssen sie sich nicht auch zwingend gut verstehen. Oftmals ist genau das Gegenteil der Fall,

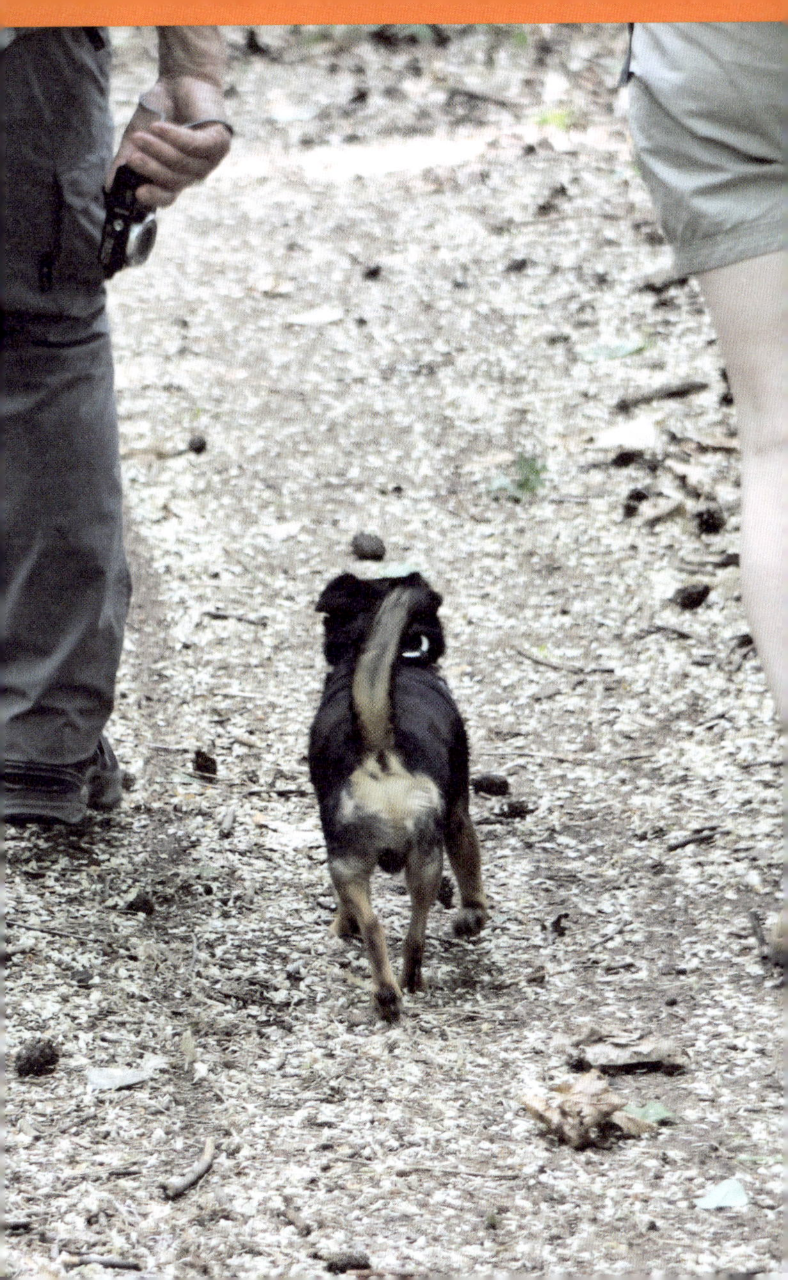

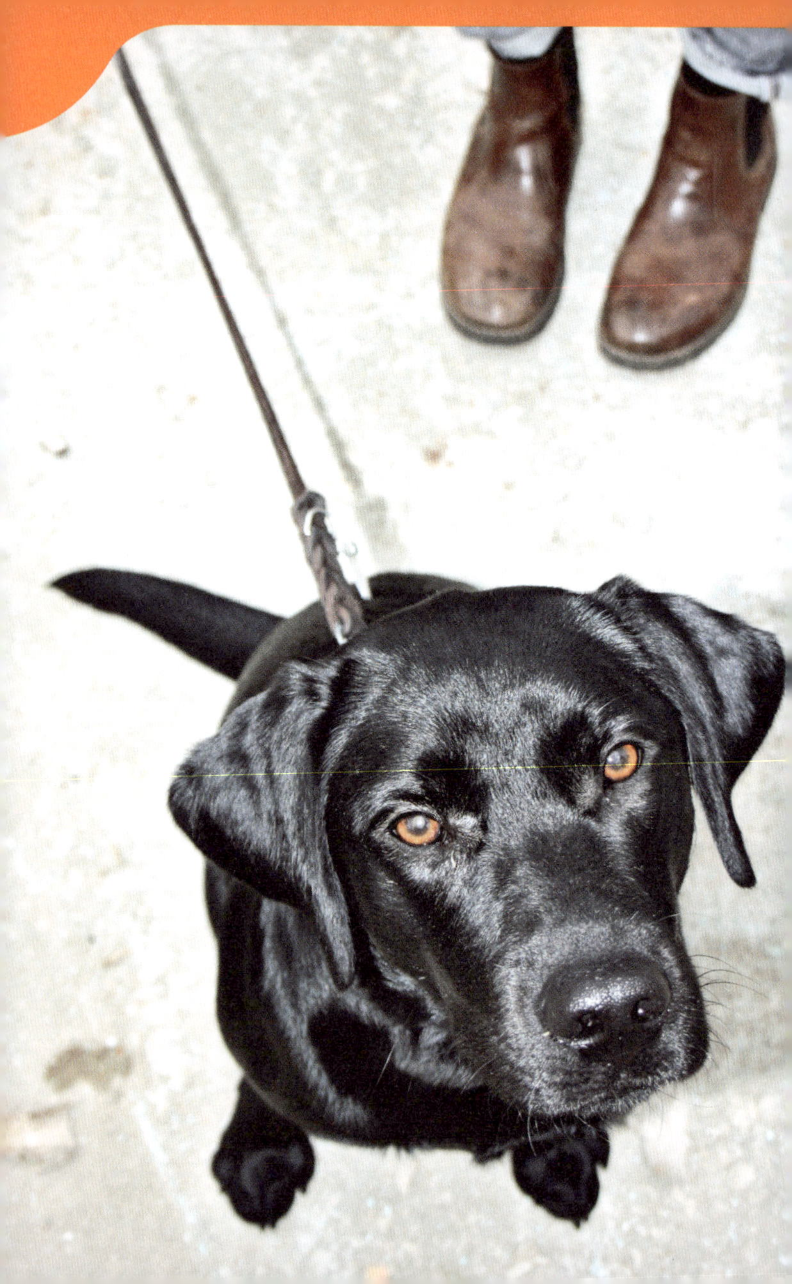

besonders dann, wenn Fiffi und Bello sich auch nicht riechen können.

Läuft eine Begegnung zweier Hunde nicht friedlich ab, hat auch die Begegnung der beiden dazugehörigen Menschen gute Chancen, zu eskalieren. In solchen Situationen, die, neben der Autorin, schon viele Hundehalter erleben mussten, paaren sich Unwissenheit mit Angst, Sorge mit Frust und Schrecken mit Heldentum. Aber auch Besserwisserei und das nicht hinter dem Berg halten können von Analysen und Tipps für den fremden Halter tun ihr Übriges, um manche Begegnung zweier Hundefreunde nicht in Freundschaft enden zu lassen. Da wird gemotzt, gemeckert, geschimpft, beschuldigt und beleidigt.

Die Frage nach dem Warum würde vermutlich auch einen Sigmund Freud vor eine spannende Aufgabe stellen. Das Thema Hund, vor allem der eigene, lässt das Gemüt schnell hochfahren. Ein Spaziergang mit dem Vierbeiner birgt jedes Mal latent die Gefahr, dass etwas passieren könnte. Jeder Hund, der einem entgegenkommt, könnte den Ausschlag geben. Oft geht es gut, aber eben nicht immer. Und wenn dann Hunde aneinandergeraten, ist das Geschrei schnell groß –nicht nur unter den Tieren, sondern vor allem unter deren Besitzern. Das Mittel der Wahl, zwei streitende Hunde zu trennen, ist nicht selten „Auf sie mit Gebrüll". Man muss kein Hundeflüsterer sein, um zu wissen, dass hysterisches Geschrei keine Lösung und auch kein -einem souveränen Rudelführer- angemessenes Verhalten darstellt. Sollte es dennoch die gewünschte Wirkung zeigen, und die Hunde lassen voneinander ab, fangen die Beschuldigungen ja oft erst an. „Ihr Hund ist aggressiv", „Meiner hat doch gar nichts gemacht", „Ihrer hat angefangen", „Sie haben ja gar keine Ahnung".

Viele Hundebesitzer werden sich jetzt an die eigene Nase fassen und sich an Situationen erinnern, in denen auch sie aus der Haut gefahren sind und unangemessen reagiert haben. Das Thema Hund ist ein hoch emotionales Motiv. Hunde sind heutzutage in den meisten Fällen keine Nutztiere mehr, sondern Familienmitglieder. Oft die einzigen, die noch geblieben sind. Diese gilt es zu beschützen und zu verteidigen; gegen was, ist erst einmal ziemlich egal. „Wer schreit, ist im Unrecht", ein Kalenderspruch, über den nachzudenken es sich in diesem Zusammenhang lohnt. Sich einen Hund zuzulegen, kann jeder, der will. Doch einen Hund zu haben, versetzt den Halter noch lange nicht in die Lage, auch jeder Situation, die auf ihn zukommt, gewachsen zu sein. Aber an neuen Situationen leise zu wachsen, das könnte eine spannende Herausforderung für jeden Hundebesitzer sein.